U0547833

能源强国
战略研究

何满潮 张 涛 张人禾◎著

科学出版社

北京

内 容 简 介

建设社会主义现代化强国，离不开坚强有力的能源保障，能源强国是社会主义现代化强国的重要组成部分，与其他强国计划相辅相成、相得益彰。本书的架构基于"深入推动能源革命，加快建设能源强国"战略安排，研究内容分为三大篇，第一篇介绍了能源强国定义内涵、评价体系、阶段性特征及目标路径研究；第二篇介绍了能源强国目标下提升能源科技竞争力的目标和实现路径研究；第三篇介绍了能源强国目标下提升能源产业链现代化水平的实现路径研究。以上研究内容基本概括了我国目前能源强国任务所面临的机遇与挑战。

本书可供我国能源行业工程技术研究人员参考使用，也可作为高等院校"地""矿""油"等相关专业的教材。

图书在版编目（CIP）数据

能源强国战略研究 / 何满潮，张涛，张人禾著. —北京：科学出版社，2024.1

ISBN 978-7-03-077933-5

Ⅰ. ①能… Ⅱ. ①何… ②张… ③张… Ⅲ. ①能源经济-经济发展战略-研究-中国 Ⅳ. ①F426.2

中国国家版本馆 CIP 数据核字（2024）第 009304 号

责任编辑：陈会迎 / 责任校对：姜丽策
责任印制：张 伟 / 封面设计：有道设计

斜 学 出 版 社 出版

北京东黄城根北街 16 号
邮政编码：100717
http://www.sciencep.com

北京中科印刷有限公司印刷
科学出版社发行 各地新华书店经销

*

2024 年 1 月第 一 版 开本：720×1000 B5
2024 年 1 月第一次印刷 印张：9 1/4
字数：160 000

定价：**126.00 元**
（如有印装质量问题，我社负责调换）

作 者 简 介

何满潮，能源工程专家。中国科学院院士，俄罗斯矿业科学院院士，阿根廷工程院院士，中国矿业大学（北京）教授、博士生导师，深部岩土力学与地下工程国家重点实验室（北京）主任。兼任中国岩石力学与工程学会理事长、中国矿业科学协同创新联盟理事长、中国矿业知识产权联盟理事长、国际地质灾害与减灾协会副主席。

主要从事能源开采岩体大变形灾害控制理论和技术研究。提出了"缓变型"和"突变型"大变形灾害的概念及分类，研发了多套大变形灾害机理实验系统，研发了具有负泊松比效应的恒阻大变形锚杆（索），形成了无煤柱自成巷110/N00工法技术体系，研究成果广泛应用于工程实践。

张　涛，化学家、能源化工专家。中国科学院院士、发展中国家科学院院士、加拿大工程院国际院士。现任中国科学院主席团成员、化学部主任，中国科学院大连化学物理研究所研究员、博士生导师。曾任中国科学院副院长、中国科学院大连化学物理研究所所长。

近期主要从事单原子催化、纳米催化以及生物质催化转化等方面的研究。所率领的团队在国际上率先提出"单原子催化"（single-atom catalysis）新概念。首先发现纤维素一步法催化转化制乙二醇的新反应。多项技术已获工业应用。

张人禾，气象学家。中国科学院院士，复旦大学特聘教授、博士生导师，复旦大学大气与海洋科学系主任、大气科学研究院院长。曾先后担任复旦大学副校长，中国气象科学研究院院长，中国科学院大气物理研究所副所长，国际气候和海洋变率、变化及可预测性项目（Climate Variability and Predictability，CLIVAR）科学指导组成员，美国气象学会海气相互作用专业委员会委员，"全球气候观测系统"（Global Climate Observation System，GCOS）常务委员会委员，中国气象学会副理事长等职务。

主要从事气候动力学研究，研究方向包括热带大尺度海气相互作用、亚洲季风、青藏高原气象学等。

《能源强国战略研究》专家组主要成员

组长：何满潮　中国科学院院士、中国矿业大学（北京）教授

　　　张　涛　中国科学院院士、中国科学院大连化学物理研究所研究员

　　　张人禾　中国科学院院士、复旦大学教授

成员：王光谦　中国科学院院士、清华大学教授

　　　陈维江　中国科学院院士、国家电网有限公司教授级高级工程师

　　　王双明　中国工程院院士、西安科技大学教授

　　　何雅玲　中国科学院院士、西安交通大学教授

　　　郭烈锦　中国科学院院士、西安交通大学教授

　　　赵阳升　中国科学院院士、太原理工大学教授

　　　高德利　中国科学院院士、中国石油大学（北京）教授

　　　吴宜灿　中国科学院院士、中国科学院核能安全技术研究所研究员

　　　焦念志　中国科学院院士、厦门大学教授

　　　姜培学　中国科学院院士、清华大学教授

　　　刘中民　中国工程院院士、中国科学院大连化学物理研究所研究员

　　　李　灿　中国科学院院士、中国科学院大连化学物理研究所研究员

　　　刘　合　中国工程院院士、中国石油勘探开发研究院教授

　　　陈晓红　中国工程院院士、中南大学、湖南工商大学教授

　　　吴力波　复旦大学教授

　　　陈海生　中国科学院重大科技任务局研究员

　　　蔡　睿　中国科学院大连化学物理研究所研究员

王　琦　中国矿业大学（北京）教授

刘冬桥　中国矿业大学（北京）副教授

高玉兵　中国矿业大学（北京）副教授

何京东　中国科学院重大科技任务局研究员

范　英　北京航空航天大学教授

姜克隽　国家发展和改革委员会能源研究所研究员

高　翔　国家应对气候变化战略研究和国际合作中心研究员

周立华　中国科学院科技战略咨询研究院研究员

洪志生　中国科学院科技战略咨询研究院副研究员

周城雄　中国科学院科技战略咨询研究院研究员

前　言

　　能源是国民经济的命脉，攸关国计民生和国家安全。2021 年底，中央经济工作会议首次提出："要深入推动能源革命，加快建设能源强国"。十九大明确全面建设社会主义现代化国家及其"两步走"战略安排[①]，十九届五中全会进一步提出在"十四五"期间主要建设九大（文化、教育、人才、体育、科技、制造、质量、网络、交通）强国[②]。能源强国定位是社会主义现代化强国不可或缺的重要组成部分，为社会主义现代化强国建设提供坚强有力的能源保障，与科技强国等其他强国目标共同形成支撑社会主义现代化强国建设的"四梁八柱"。本书以习近平提出的"四个革命、一个合作"[③]能源安全新战略为引领，立足我国资源禀赋特点及我国强国建设对能源的需求，提出了我国能源强国定义、内涵及评价体系；运用历史唯物主义观点和无量纲科学分析方法，考察了典型国家能源消费历史大数据，得出了与我国人口、资源、环境相协调的可持续发展的强国能源模式。借鉴该模式，并根据全面建设社会主义现代化国家及其"两步走"的战略安排，提出了我国强国能源体系、阶段性特征及建设路径。立足我国基本国情，建设能源强国的重要途径是实现煤炭资源的清洁高效利用，而积极研发和推广煤炭等化石燃料 CCUS 实现碳减排是关键。建设能源强国同时应当大力开发可再生能源，实现多元化储能关

---

　　① 《杨伟民：十九大明确全面建设社会主义现代化国家及其"两步走"战略安排》，http://cpc.people.com.cn/19th/big5/n1/2017/1026/c414536-29610368.html[2017-10-26]。

　　② 《共产党员网：中国共产党第十九届中央委员会第五次全体会议公报》，https://www.12371.cn/2020/10/29/ARTI1603964233795881.shtml[2020-10-29]。

　　③ 《国家能源局：新时代中国能源在高质量发展道路上奋勇前进》，https://www.gov.cn/xinwen/2020-12-31/content_5575657.htm[2020-12-31]。

键技术突破是保障可再生能源安全高效运转的重要支撑。同时，大力研发地下中子能等颠覆性技术是能源强国建设的重点任务，也是现阶段我国实现能源科技国际领先的重大历史机遇。最后，在深刻理解能源强国内涵的基础上，根据总体目标和阶段任务，从把握关键问题和主要挑战入手，提出了能源强国政策建议。

能源科技强国是能源强国的重要组成部分，也是支撑引领能源强国建设的根本动力。遵照十九大全面建设社会主义现代化国家及其"两步走"战略安排，聚焦能源强国内涵与建设目标、碳达峰碳中和目标、能源科技自立自强要求，对标国际科技强国经验，立足能源资源禀赋和科技基础的国情，研究提出能源强国目标下提升我国能源科技竞争力的主要方向、分阶段目标和实现路径，对推动能源科技强国，并以能源科技强国支撑引领能源强国建设有着重要意义。在系统梳理全球能源科技发展趋势的基础上，提出我国能源科技发展现状、问题及未来趋势，并立足国情和已有能源科技创新体系，提出既符合国际能源科技发展趋势，又符合我国发展特色的多能融合能源科技体系，重点从化石能源绿色低碳转型之要在清洁高效利用、工业绿色低碳转型之要在低碳零碳流程再造、非化石能源规模化应用之要在新型电力系统、能源系统效率提升之要在数字化智能化集成、能源国际科技竞争力提升之要在颠覆性技术突破等五方面论述了多能融合技术框架，最后提出提升能源科技竞争力的路径和政策建议。

能源产业链是能源系统运行的支撑技术经济载体，提升能源产业链现代化水平，是推动能源强国建设的基础支撑和关键抓手，也是能源强国建设成果的集中体现。结合能源强国建设目标、推动构建新发展格局和支撑现代化经济体系建设等要求，借鉴国际经验、立足发挥比较优势，研究我国在全球能源产业链中的定位目标，提出提升我国能源产业链现代化水平、增强产业链弹性韧性的阶段目标和任务举措，对推动能源强国建设，打造安全、绿色、经济的能源体系有着重要的意义。聚焦重点领域，甄别我国在主导能源供应、新兴能源替代和未来能源开发等领域的产业布局与竞争优势，开展能源产业链全球竞争力的比较分析。结合"三新一高"（新发展理念、新发展阶段、新发展格局、高质量发展）发展格局下我国经济高质量发展的需求、国际能源供需格局深度变革的挑战、全球经济贸易规则变化对能源产业链的冲击等，提出以建设能源强国为目标的产业链现代化提升路径和对策建议。

针对上述目标任务，本书分为三大篇，共 12 章。第一篇介绍了能源强国定义内涵、评价体系、阶段性特征及目标路径研究。包含 1～4 章，第 1 章介绍了能源强国的研究背景与战略意义；第 2 章提出了能源强国定义、内涵及评价体系；第 3 章介绍了能源强国建设阶段性及其特征；第 4 章分析了我国能源强国建设路径，并提出了相应的政策建议。第二篇介绍了能源强国目标下提升能源科技竞争力的目标和实现路径研究。包含 5～8 章，第 5 章介绍了能源科技发展现状、趋势与问题；第 6 章介绍了我国能源科技创新竞争力评估与分析；第 7 章明确了我国能源科技发展目标与技术框架；第 8 章提出了提升能源科技竞争力的路径建议。第三篇介绍了能源强国目标下提升能源产业链现代化水平的实现路径研究。包含 9～12 章，第 9 章介绍了能源产业链发展现状；第 10 章分析了我国能源产业链现代化水平与问题；第 11 章提出了我国能源产业链现代化发展的定位与目标；第 12 章明确了提升我国能源产业链现代化水平的任务举措和体制机制保障。

由于时间仓促，作者水平有限，书中疏漏之处在所难免，欢迎广大读者批评指正！

作　者
2023 年 1 月

目　录

第一篇

能源强国定义内涵、评价体系、阶段性特征及目标路径研究

本篇主要研究成员：何满潮、王光谦、陈维江、王双明、何雅玲、郭烈锦、赵阳升、高德利、吴宜灿、焦念志、姜培学、汤涌、孙晓明、王琦、鲁刚、刘纪化、柏云清、刘冬桥、郭平业、高玉兵。

第1章　能源强国的研究背景与战略意义

2021 年底，中央经济工作会议明确提出，"要深入推动能源革命，加快建设能源强国"。这是在中央级会议中，第一次正式提出建设能源强国，意味着中国特色强国目标体系再添一项新任务。能源强国定位为社会主义现代化强国不可或缺的重要组成部分，为社会主义现代化强国建设提供坚强有力的能源保障，与科技强国等其他强国目标共同形成支撑社会主义现代化强国建设的"四梁八柱"。

目前，我国已成为世界最大能源生产国、消费国及进口国，总体能源自给率达到 80%，建成了较为完善的能源产业体系，是当之无愧的全球能源大国。但由于我国的能源资源禀赋特点是"富煤、贫油、少气"，长期以来，一方面，能源消费结构以煤为主，造成环保和减碳降碳压力大；另一方面，油气消费量增长远远超过国内产量增长，造成油气对外依存度大幅度攀升，保障能源安全压力大。与此同时，在推进能源转型和新能源发展过程中，我国的水电、风电、太阳能发电装机规模均居世界第一位，但也存在着利用效率和核心技术持有率不高、对传统能源的有效替代能力不强等问题，迫切需要从量的积累迈向质的飞跃。因此，建设社会主义现代化强国，离不开坚强有力的能源保障，能源强国也应成为社会主义现代化强国的重要组成部分，与其他强国计划和任务相辅相成、相得益彰。

我国能源强国建设，应深刻理解能源强国的内涵，明确总体目标和阶段任务，把握关键问题和主要挑战，着力构建体制改革为牵引、技术突破为动力、产业提升为依托、多能融合为路径的能源强国建设体系。

第 2 章　能源强国定义、内涵及评价体系

中国特色社会主义现代化能源强国建设，应以习近平提出的"四个革命、一个合作"①能源安全新战略为引领，立足我国资源禀赋特点，以能源安全为核心，以绿色低碳为方向，以推动建立清洁低碳安全高效的现代能源体系为目标，以先进的能源技术创新水平为驱动，切实有效地满足经济社会发展及人民美好生活对能源的需求，为实现中华民族伟大复兴的中国梦提供坚实保障。

2.1　定义及内涵

能源强国的定义为"符合双碳目标和我国能源资源禀赋特点，满足现代化强国建设需求的安全绿色、高效经济、保障有力、国际领先的能源体系"。

能源强国的内涵包括以下五个方面。

1. 能源安全自主可控，端稳端牢能源饭碗

立足我国"富煤、贫油、少气"的资源禀赋特点，统筹好化石能源和非化石能源发展，坚持先立后破，化石能源的逐步退出要建立在新能源安全可靠的替代基础上。

发挥煤炭的兜底保障作用，进一步夯实其在保障国家能源安全中的基石

①《国家能源局：新时代中国能源在高质量发展道路上奋勇前进》，https://www.gov.cn/xinwen/2020-12/31/ content_5575657.htm[2020-12-31]。

地位；油气增储上产能力持续提升，油气对外依存度逐步降至 30%以内，进口通道和来源国进一步多元化；战略性能源资源自给率持续提高。着力增强国内能源生产保障能力，切实把能源饭碗牢牢地端在自己手里。

2. 能源结构清洁低碳，生态文明行稳致远

在保障能源安全的基础上，以绿色低碳为方向，促进新能源和清洁能源发展，积极构建以新能源为主体的新型能源系统，切实提升能源体系运行效率，加快形成多能互补、协同高效、绿色低碳的多元化能源供应格局，实现我国能源结构最优化和双碳目标。

非化石能源消费持续提升，逐步实现"增量需求全部满足，存量需求逐步替代"的过程。推进生态文明建设，做到能源利用与生态保护和谐统一。

3. 能源科技创新引领，能源设施融合先进

坚持把创新作为引领发展的第一动力，着力增强能源科技创新能力，加快能源产业数字化和智能化升级，推动质量变革、效率变革、动力变革，推进产业链现代化。全面掌握能源技术基础科学理论，关键技术"卡脖子"风险基本化解。产学研协同顺畅，形成完善的科技成果转化生态链。

传统能源网络基础设施与现代交通网络、信息网络、新基建广泛融合，冷、热、气、电等不同能源品种基础设施深度融合，多种能源品种和环节壁垒打通，能源系统整体能效大幅提升。油气管网坚强可靠，油气资源的配置效率和安全稳定供应大幅提升，电力供应体系坚强、可靠、智能、柔性。

4. 能源产业现代高效，应急保障有力有序

多措并举提升能源资源配置能力，做好电网、油气管网等能源基础设施建设，特别是加强电力和油气跨省跨区输送通道建设。拓展能源供应渠道，

建立健全煤炭储备体系，加大油气增储上产力度，重点推进地下储气库、液化天然气（liquefied natural gas，LNG）接收站等储气设施建设，提升能源供应能力弹性。围绕新型电力系统，新型储能，碳捕集、利用与封存（carbon capture，utilization and storage，CCUS），能源系统数字化智能化，能源系统安全等重点领域，增设若干创新平台，推动完善产供销储体系建设。促进能源产业现代高效，大力培育能源创新主体，加快打造深度融合的"产学研用"一体化的创新平台，支持能源科技型企业和科研院所开展新技术、新工艺、新产品创新，提升涉能部门工业体系现代化程度，完善能源管理体制，实现产业高端化、技术尖端化、管理规范化。

强化底线思维和战略定力，增强能源供应自主、可控的安全保障能力，特别是强化国内能源基础设施建设。加快发展多能协同技术和能源替代应急保障能力，推动传统化石能源产业数字化、智能化转型，提升精准勘探和智能开采水平，加快试点和推广非常规油气开发技术。加大煤制油、煤制气等能源替代技术研发力度。加强风险预警，建立健全煤炭、油气、电力供需预警机制，做好预案，加强演练，提高快速响应和能源供应快速恢复能力。

5. 能源治理全球主导，能源转型国际合作

推进"一带一路"绿色能源务实合作，探索建立清洁低碳能源产业链上下游企业协同发展合作机制。积极参与并引导在联合国、二十国集团（Group of 20，G20）、亚太经济合作组织（Asia-Pacific Economic Cooperation，APEC）、金砖国家、上海合作组织等多边框架下的能源绿色低碳转型合作。能源国际合作达到新水平，成为参与重塑全球治理体系的关键战略工具，形成足够支撑大国竞争的战略影响力。

加强能源相关认证国际合作，积极引导和参与国际标准研究制定。提供大量有效的能源治理公共产品，抓住能源变革主动权，能源标准体系具备全球影响力，助力实现与社会主义现代化强国发展愿景相适应的国际话语权和影响力。

2.2　评价体系

能源强国关键评价体系包括能源安全自主可控、能源结构清洁低碳、能源科技创新引领、能源产业现代高效、能源治理全球主导 5 个维度 25 个指标（表2-1）。

表 2-1　能源强国评价体系

评价维度	指标体系
能源安全自主可控	能源对外依存度
	能源储备水平
	能源"卡脖子"关键技术及装备对外依存度
	战略性能源矿产资源自给水平
	能源基础设施综合水平
能源结构清洁低碳	能源利用效率
	非化石能源消费比重
	CCUS 能力
	清洁能源转化水平
	能效提升水平
能源科技创新引领	关键核心能源技术进步水平
	能源技术标准制定水平
	能源行业数字化水平
	关键装备研发与生产能力
	科技成果转化体系建设水平
能源产业现代高效	能源产供销储体系完整度
	涉能工业部门/工业体系现代化程度
	能源管理体制完善程度
	战略能源转化能力
	能源事故处理能力

续表

评价维度	指标体系
能源治理全球主导	绿色"一带一路"建设进程
	主导的大型能源组织数量
	能源技术国际标准制定水平
	关键能源产品定价能力
	能源话语体系建设

2.3 我国建设能源强国的长板和短板

习近平指出，"我们最大的优势是我国社会主义制度能够集中力量办大事。这是我们成就事业的重要法宝"[1]，集中力量办大事是我国能源强国建设的制度优势。经过前两个五年规划期，我国初步建立了重大技术研发、重大装备研制、重大示范工程、科技创新平台"四位一体"的能源科技创新体系，推动能源技术革命取得了重要阶段性进展。煤炭清洁高效利用、可再生能源、非常规油气、核能、储能、氢能、智慧能源等一大批新兴能源技术正以前所未有的速度加快迭代，成为全球能源向绿色低碳转型的核心驱动力，推动能源产业从资源、资本主导向技术主导转变，给世界地缘政治格局和经济社会发展带来重大而深远的影响。

同时，我们也应清醒地认识到，我国能源消费总量巨大，资源禀赋特点是"富煤、贫油、少气"，石油、天然气等优质能源供应相对短缺，对外依存度较高。而能源消费结构中煤炭占比高，能源利用效率不高，生产和使用过程中环境污染问题突出。技术水平虽在总体上具有领先性，但部分关键技术受制于人，难以完全通过技术创新引领产业链建设。部分能源技术装备尚存短板，关键零部件、专用软件、核心材料等大量依赖国外。

---

① 《习近平：为建设世界科技强国而奋斗——在全国科技创新大会、两院院士大会、中国科协第九次全国代表大会上的讲话》，http://jhsjk.people.cn/article/28400179[2023-08-09]。

能源领域原创性、引领性、颠覆性技术偏少，绿色低碳技术发展难以有效支撑双碳目标下能源绿色低碳转型。能源科技创新的政策机制有待完善，重大能源科技创新产学研"散而不强"，重大技术攻关、成果转化、首台（套）依托工程机制、容错，以及标准、检测、认证等公共服务机制尚需完善。

因此，在双碳目标下，我国能源强国建设须立足我国的基本能源现状，在认识不足的同时，立足我国资源禀赋特点、可再生资源充裕、技术总体较为领先和市场潜在容量巨大的基本事实，着力补强能源技术装备"短板"和锻造能源技术装备"长板"，对标典型国家能源发展历史经验，分析归纳出一条适合我国国情的能源强国建设之路。

第3章 能源强国建设阶段性及其特征

运用历史唯物主义观点和无量纲科学分析方法,本书考察了典型国家1949~2020 年能源消费占比变化的历史大数据、2021~2050 年预测大数据,即典型国家能源发展的社会实验大数据,对标研究典型国家的能源发展历史经验和规律,得出了人口、资源、环境相协调的可持续发展的强国能源保障模式;借鉴该模式,提出了我国强国能源保障体系及其阶段性特征。

3.1 能源消费结构大数据分析及典型国家能源消费稳定平衡带

2008 年以前,美国为世界能源消费第一大国;2008 年以后,中国已成为世界最大的能源消费国。2020 年,中国能源消费占世界能源消费的26%,美国能源消费占世界能源消费的 16%;基于美国能源信息署(Energy Information Administration,EIA)预测数据,到 2060 年,中国能源消费将占世界能源消费的 21%,而美国能源消费将占世界能源消费的12%(图 3-1)。

进一步通过分析美国、经济合作与发展组织(Organization for Economic Co-operation and Development,OECD)欧洲成员国、俄罗斯、日本及中国 1949~2050 年能源消费结构大数据,发现典型国家各阶段特有的发展规律,得出人口、资源、环境相协调的可持续发展的强国能源消费稳定平衡带。

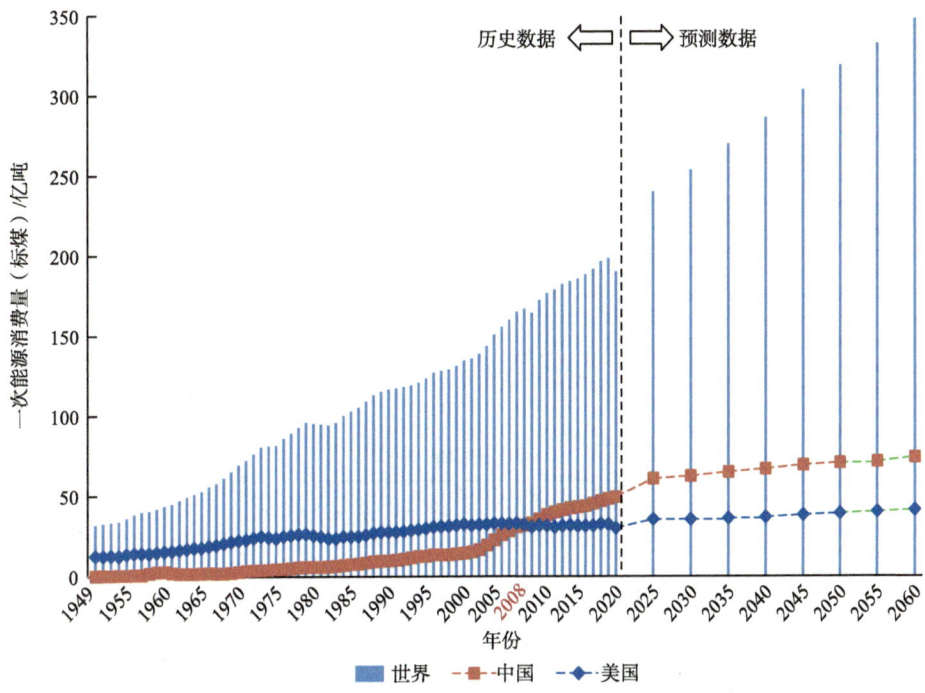

图 3-1　世界及中美能源消费趋势大数据分析（1949～2060 年）

资料来源：《中国工业经济统计资料》（1949～1964 年数据）、美国能源信息署数据库（1949～
1964 年数据）、《BP 世界能源统计》（1965～2020 年数据）、美国能源信息署的 International
Energy Outlook 2021（2021～2050 年数据）、本书预测（2051～2060 年数据）

1. 美国

从图 3-2 可以看出，1962～2008 年为美国能源消费结构稳定平衡带，历
经了 46 年。其间，美国进行了能源供给扩张战略，增强本国战略石油储
备，实施"能源独立"战略，并于 2008 年通过页岩革命达到了预期目标。
至 2020 年，美国能源消费结构调整趋于稳定，根据美国能源信息署数据，
2021～2050 年，会是 30 年的可持续发展稳定平衡带；到 2050 年，化石能
源占比将约为 76%。1949～1971 年，美国无新的化石能源出现，煤炭能源
消费占比的下降速率为每年 0.75%。

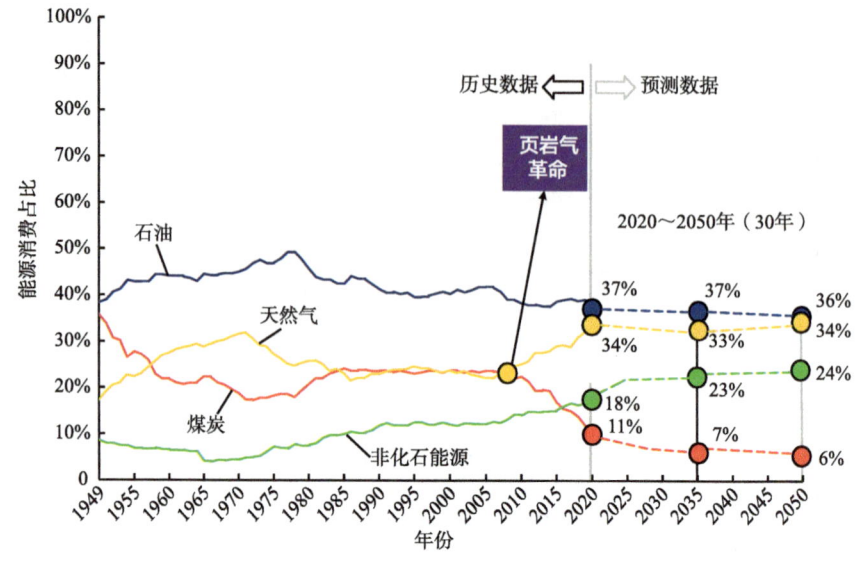

图 3-2 美国能源消费结构大数据分析（1949～2050 年）

资料来源：美国能源信息署（1949～1964 年数据）、《BP 世界能源统计》（1965～2020 年数据），美国能源信息署的 International Energy Outlook 2021（2021～2050 年数据）

2. OECD 欧洲成员国

1949～1966 年，煤炭为 OECD 欧洲成员国占绝对优势的支柱型能源，但石油消费发展迅速。1966 年后，石油成为 OECD 欧洲成员国的主要消费能源，但在 1973 年第四次中东战争和 1980 年两伊战争引发两次石油危机后，石油能源的消费占比持续降低。1985～2020 年，石油消费稳固发展，煤炭消费总体降低，天然气和以核能为主的非化石能源消费整体上升，最终形成了化石能源消费相对稳定、非化石能源消费持续稳固上升的多元化能源消费结构的稳定平衡带，这一过程历经了 35 年。根据美国能源信息署预测，2035～2050 年将迎来 15 年的可持续发展稳定平衡带，到 2050 年，化石能源将占比约为 59%（图 3-3）。1985～1999 年和 2012～2020 年为能源消费结构基本稳定阶段，煤炭能源消费占比的下降速率分别为每年0.96% 和 0.82%。

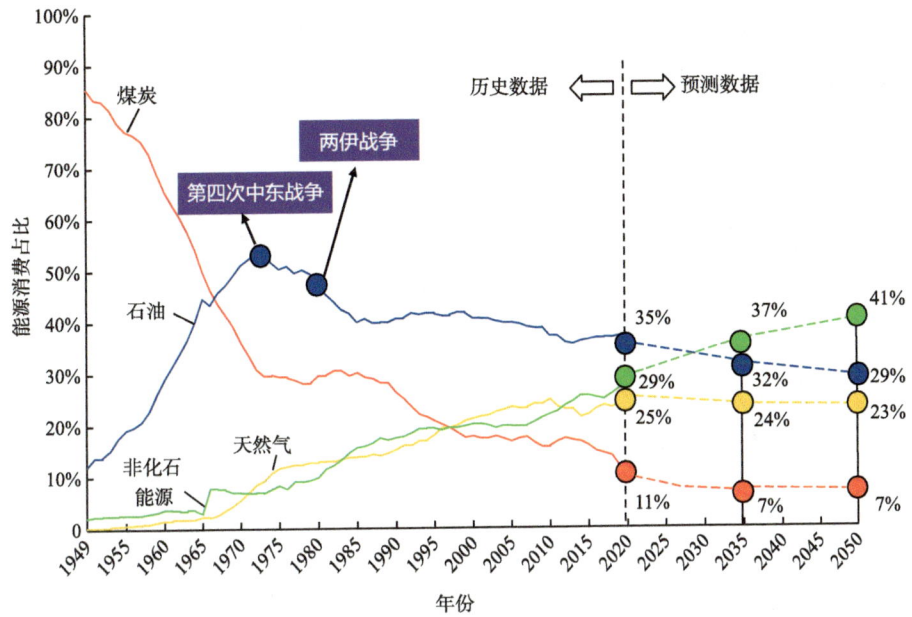

图 3-3　OECD 欧洲成员国能源消费结构大数据分析（1949～2050 年）

资料来源：World Energy Consumption—A Database 2020（1949～1964 年的西欧国家数据）、《BP 世界能源统计》（1965～2020 年的 OECD 欧洲成员国数据）、美国能源信息署的 International Energy Outlook 2021（2021～2050 年的 OECD 欧洲成员国数据），西欧国家包括英国、法国、德国、西班牙、意大利、瑞典、挪威、瑞士、奥地利、比利时、丹麦、芬兰、希腊、爱尔兰、荷兰、葡萄牙，OECD 欧洲成员国包括英国、法国、德国、西班牙、意大利、瑞典、挪威、瑞士、奥地利、比利时、捷克、丹麦、爱沙尼亚、芬兰、希腊、匈牙利、冰岛、爱尔兰、卢森堡、荷兰、波兰、葡萄牙、斯洛伐克、斯洛文尼亚、土耳其

3. 日本

　　1963 年以前，煤炭虽为日本绝对的支柱型消费能源，但石油消费占比迅速上升，形成以煤炭消费为主向以石油消费为主的转变模式。1963 年以后，石油一跃成为日本支柱型消费能源，但同样在 1973 年第四次中东战争和 1980 年两伊战争引发两次石油危机后，为降低石油依赖度，非化石能源和天然气发展迅速，并在 1985～2010 年基本实现了石油消费稳固降低，煤炭、天然气和非化石能源消费整体上升的能源消费稳定平衡带，这一过程历经了 25 年。2011 年，福岛核泄漏事件的出现，导致日本以核能为主的非化石能源消费占比迅速降低；根据美国能源信息署预测，2035～2050 年日本能源消费

结构将迎来 15 年的可持续发展稳定平衡带，到 2050 年，化石能源占比将为 68%左右（图 3-4）。

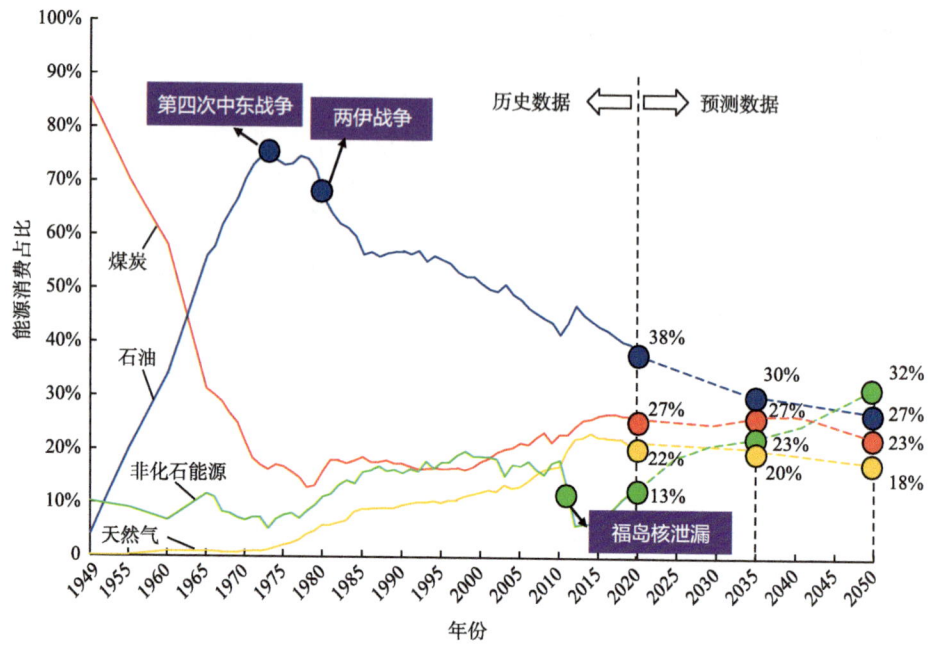

图 3-4　日本能源消费结构大数据分析（1949～2050 年）

资料来源：《中国工业经济统计资料》（1949～1964 年数据）、《BP 世界能源统计》（1965～2020 年数据）、美国能源信息署的 International Energy Outlook 2021（2021～2050 年数据）

4. 俄罗斯

1949～1973 年，俄罗斯以煤炭作为支柱型消费能源，但天然气和石油在此期间发展迅速；1974～1984 年，石油成为主要消费能源；1980～1985 年，天然气消费超过煤炭成为第二大消费能源；然后，经过 1985～1996 年 12 年的调整后，在 1996～2020 年，形成了能源消费的稳定平衡带，这一过程历经了 24 年。根据美国能源信息署预测，2020～2050 年俄罗斯能源消费结构将迎来 30 年的可持续发展稳定平衡带，天然气作为俄罗斯的支柱能源，其占比将稳定在 50%左右；到 2050 年，化石能源占比将为 87%左右（图 3-5）。2012～2020 年为基本稳定阶段，煤炭消费占比的下降速率为每年 0.3%。

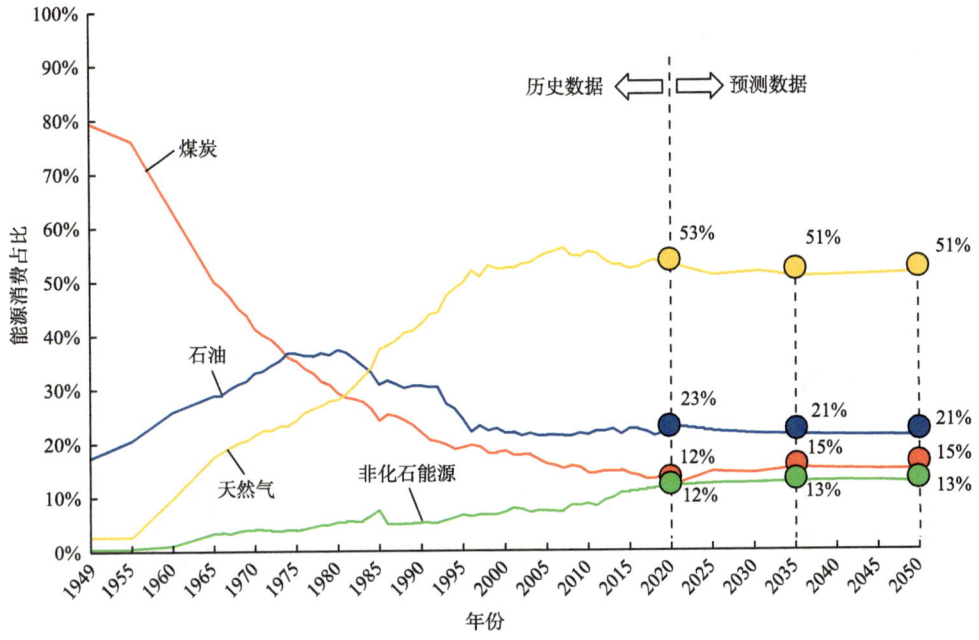

图 3-5　俄罗斯能源消费结构大数据分析（1949～2050 年）

资料来源：《中国工业经济统计资料》（1949～1964 年的苏联数据）、《BP 世界能源统计》
（1965～1991 年的苏联数据、1992～2020 年的俄罗斯数据）、美国能源信息署的 International
Energy Outlook 2021（2021～2050 年的俄罗斯数据）

5. 中国

从 1949 年以来，煤炭一直是中国的支柱能源；在李四光先生地质力
学理论的指导下我国勘探发现了大庆油田，1960 年以后，大庆油田的开
发改变了中国能源消费结构，石油消费增加迅速，煤炭消费占比从 97%
降低至约 70%；1976～2011 年，中国形成了能源消费的稳定平衡带，这
一过程历经了 35 年，但很显然该稳定平衡带不是与人口、资源、环境相
协调的可持续发展模式，需进一步调整，当前中国能源消费结构正处于调
整阶段（图 3-6）。

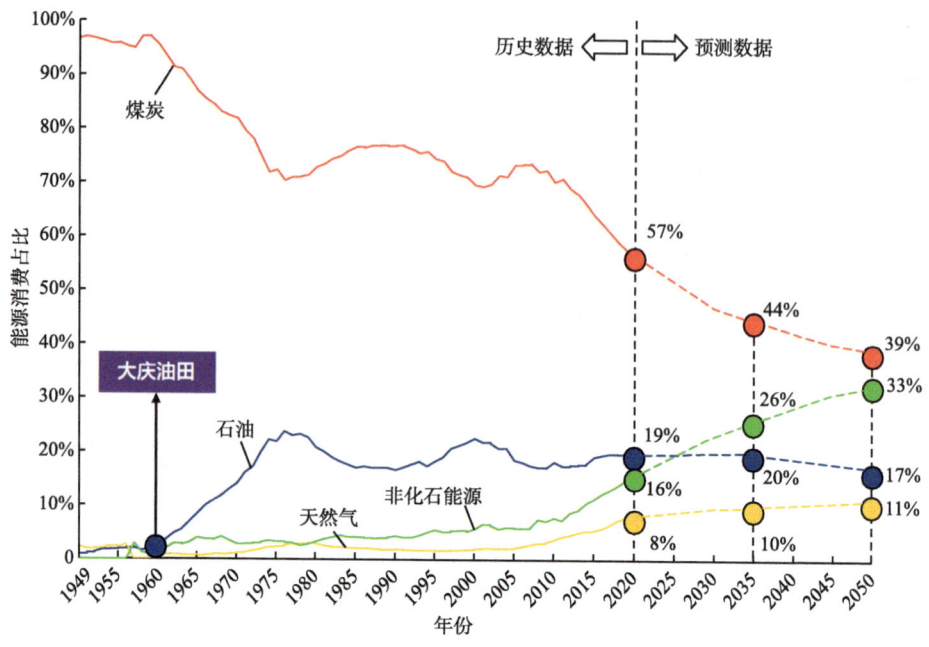

图 3-6　中国能源消费结构大数据分析（1949～2050 年）

资料来源：《中国工业经济统计资料》（1949～1964 年数据）、《BP 世界能源统计》（1965～2020 年数据）、美国能源信息署的 International Energy Outlook 2021（2021～2050 年数据）

3.2　典型国家能源体系建设发展规律

对标典型国家 1949～2020 年的能源发展历史，从典型国家发展历史来看，各国均是在不同发展阶段建立起与本国能源国情相匹配的能源消费结构，并从国家安全、社会环境、人口资源、技术进步、国际影响度等多个维度考虑形成中长期内相对稳定的能源发展模式。

能源安全自主可控是国家安全的重要组成部分。在发展之初，各典型国家基本是以煤炭作为国家消费的主要能源。例如，日本作为一个典型的能源约束型国家，在 1963 年以前，煤炭为其绝对的支柱型消费能源，但由于对外依存度较高，日本之后通过新能源技术引领构建现代化能源产业链，大幅降低对外化石能源依赖，满足了基本的能源自给需求及产业链的多样化要求；OECD 欧洲成员国作为一个统一的经济体，拥有体量巨大的能源消费市场，

1949～1966 年，煤炭为其占绝对优势的支柱型能源，为降低煤炭依赖度，石油消费迅速发展，并于 1966 年后成为 OECD 欧洲成员国的主要消费能源。之后 OECD 欧洲成员国通过新能源技术的规模化应用，持续降低能源使用成本，将传统能源作为可再生能源的备用，实现了能源自给能力的大幅提升，降低了传统能源的对外依存度。因此，能源安全自主可控是一种国家经济和社会发展能够以合理的成本获得充足的能源供应，并能避免供应中断风险的状态，是国家能源安全保障的"重中之重"。

能源结构清洁低碳是国家能源可持续发展的最终结果。例如，美国自 1980 年后全面推进替代能源与新能源的研发和商业化，并在 2008 年通过页岩革命大大降低了对煤炭的依赖，最终形成了清洁能源消费占比稳固上升、煤炭消费占比逐渐下降的可持续发展模式；OECD 欧洲成员国从 1991 年后开始注重气候变化问题，同时，为解决能源对外依赖，OECD 欧洲成员国的减碳政策重心由提高化石能源利用效率转移至发展新能源等方面，包括发展以核能为主的新能源、增强碳捕集、利用与封存能力、增强自然碳汇能力及发展绿色金融等举措，优先实现了其国家发展的可持续性；日本则通过引入太阳能发电系统、推进新能源社区基础设施建设等措施，大力开发并扶持新能源推广，形成了清洁能源消费占比稳固上升的多元化能源结构；俄罗斯较早地重视核能和天然气，通过配套设施建设及颁布规划纲要使其国内各种能源得到了高效合理的开发利用，在能源消费结构趋向合理的同时，奠定了其能源大国的地位。因此，在能源日益紧缺和双碳任务的时代背景下，开发利用低碳能源、发展低碳经济、建设低碳社会是国家能源和经济可持续发展的方向与目标。

能源科技创新引领是国家能源独立发展的重要领域。例如，美国在两次石油危机后提升石油能效标准、减少石油发电，通过重建石油市场管理石油供需，辅以财税补贴发展替代能源来降低石油消费总量。最终通过发展水平井技术及压裂技术推进页岩革命的启动，实现了国家的能源独立战略；受石油危机问题及化石能源消耗带来污染问题的影响，OECD 欧洲成员国逐渐注意到经济的快速发展给环境造成的剧烈变化，并开始出台系列文件合力推动欧洲地区能源创新产业的发展，从而实现了能源安全的目标；日本经历了石油危机带来的能源供给不足的冲击，努力开发新型环保能源技术，在缓解了化石能源对外依存度过高的同时，形成了清洁能源的先进发展技术。因此，能源科技自主创新是我国经济社会能源发展进入一个新阶段前所面临的迫切问题，其对我国从国外技术依赖向自主创新的战略转变具有决定性作用。

能源产业现代高效是能源强国建设的重要发展历程。欧洲的能源产业一度走在世界前列，欧洲是第一次、第二次工业革命的发源地，每一次动力的革新带来的不仅是生产力以几何倍数提升，还有能源产业的转型切换。欧洲自第二次工业革命后便进入了化石能源时代，但受制于区域资源禀赋，其原油消费量和产量缺口不断扩大。为此，欧洲大力进行现代能源产业开发，采取"开发与节能并重"政策，着力实现能源产业消费的多元化。自 20 世纪 80 年代以来，欧洲的替代能源和核能占能源使用总量的比例便位居世界之最，实现了能源产业现代化转型升级。此外，经历了 1973 年和 1980 年两次石油危机后，各国均认识到国家能源安全的重要性，并通过一系列的法案与举措提高国家能源储备水平和应急能力。日本在两次石油危机后，以保障能源安全为宗旨，实施能源进口渠道多元化政策和进口能源种类多样化政策来增强国家能源应急能力。1990 年，日本核电站发电量几乎占日本全国发电量的 1/4。但在 2011 年发生福岛核泄漏事件后，核电占比迅速降低，2020 年其核能消费仅占能源消费总量的 2%。由此可见，建立和健全现代高效的能源产业体系，提高突发性能源危机应急能力具有十分重要的现实意义。

能源治理全球主导能力的树立是能源大国迈向能源强国的必经之路。美国以海权控制为基础，构建全球性能源金融体系，实施"能源独立"战略并已通过页岩革命实现预期目标，加强核心技术突破，着力补齐安全短板，成为世界能源强国之一。俄罗斯紧抓油气资源这一核心优势，对内推动经济增长，对外巩固提升地缘政治影响力，大力推动"能源外交"，其外交政策中涉及能源的比重超过 70%，以强大能源战略影响力实现自身全球性战略目标。日本及 OECD 欧洲成员国则通过新能源技术的大力发展，奠定了其能源可持续发展的重要地位。

从典型国家能源发展特征来看，各国每一阶段能源强国的建立均是把握住了主体能源的更替机遇，立足新的主体能源，在能源安全自主可控、能源结构清洁低碳、能源科技创新引领、能源产业现代高效、能源治理全球主导等不同维度取得先机，逐步形成优势积累，并最终奠定其在国际上的能源地位。

3.3　我国强国能源消费可持续发展的稳定平衡带

从典型能源强国发展历史来看，各国均是在不同发展阶段建立起与本国能源国情相匹配的能源消费结构，并考虑人口、资源、环境、技术进步等方面，逐步发展可替代能源，最终形成中长期内相对稳定的能源建设模式。

基于典型能源强国 1949～2050 年煤炭能源消费大数据，得出能源强国与人口、资源、环境相协调的煤炭能源可持续发展稳定平衡带为煤炭消费占比 14%～30%，美国、OECD 欧洲成员国、俄罗斯、日本在此平衡带内分别发展了 66 年、46 年、33 年、54～84 年，典型能源强国均历经了相当长的时间。因此，我国能源强国建设应遵循历史唯物主义观点，以煤炭这一传统能源为基础，通过逐步地调整能源消费结构并发展符合本国能源现状的可替代能源的方式，实现能源消费结构的动态平衡发展，而这是一个较长的时间周期，该周期是典型能源强国的社会实验得出的结果，符合历史唯物主义观点的合理煤炭消费占比应为 14%～30% 的稳定平衡带，预测其平均值为 22%，其对应的下降速率为每年 0.87%，这与美国、OECD 欧洲成员国在历史上无新的化石能源出现时煤炭的最大下降速率 0.75%～0.96% 也一致（图 3-7）。

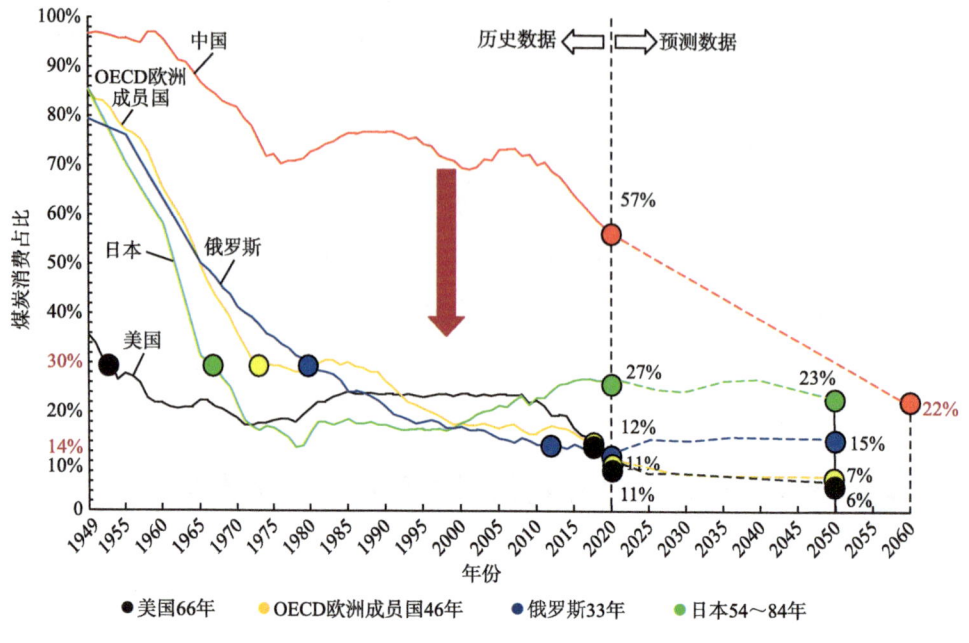

图 3-7 典型国家煤炭大数据分析（1949～2060 年）

资料来源：《中国工业经济统计资料》（1949～1964 年数据）、《BP 世界能源统计》（1965～
2020 年数据）、美国能源信息署（1949～1964 年数据）、World Energy Consumption—A Database
2020（1949～1964 年的西欧数据）、美国能源信息署的 International Energy Outlook 2021（2021～
2050 年美国、OECD 欧洲成员国、俄罗斯和日本数据）、本书预测（2021～2060 年中国数据）

我国能源资源禀赋特点是"富煤、贫油、少气"，油气对外依存度高，
2020 年，石油对外依存度高达 77%，天然气对外依存度约为 42%。根据中国
石油集团经济技术研究院《2060 年世界与中国能源展望（2021 版）》预测，
2020～2060 年我国石油对外依存度将逐步降低，到 2060 年降低至约 30%，
对应能源消费结构占比为 6%；2020～2060 年天然气对外依存度将最高上升
至约 55%，到 2060 年降低至约 20%，对应能源消费结构占比为 9%，届时油
气对外依存度均处于安全警戒线 30% 以下，可实现我国能源的安全可持续发
展，如图 3-8 和图 3-9 所示。因此，到 2060 年，符合我国能源状况、满足对
外依存度安全警戒线的石油、天然气能源合理消费占比分别为 6%、9%。进
一步可以得出非化石能源在 2060 年一次能源消费中的占比将达到 63%。

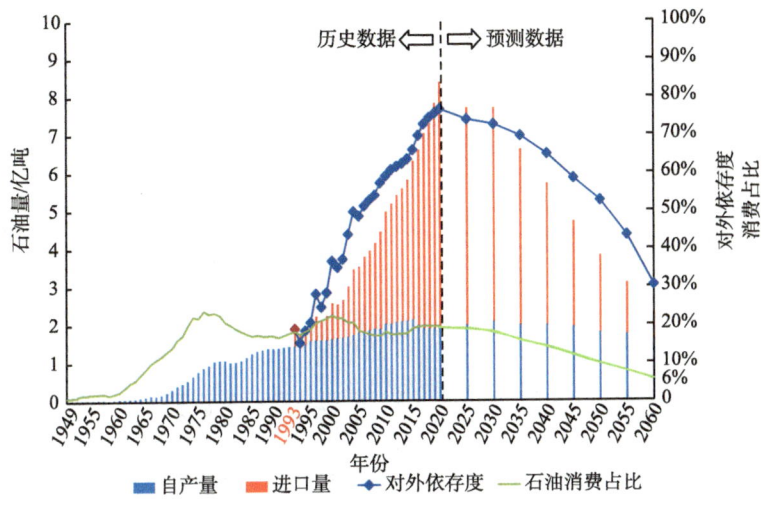

图3-8　中国石油能源大数据分析（1949～2060 年）

资料来源：《1949 年以来中国石油进出口地位演变》[①]（1949～1964 年数据）、《BP 世界能源统计》（1965～2020 年数据）、中国石油集团经济技术研究院的《2060 年世界与中国能源展望（2021 版）》（2021～2060 年数据）、《我国油气中长期发展趋势与战略选择》[②]

3.4 **我国能源强国建设阶段划分**

1. 总体目标

　　能源强国建设的总体目标是建设强大的现代能源体系，自主保证经济社会发展对高品质能源的需求，时刻把能源的饭碗牢牢端在自己手里；立足国家资源禀赋，优化能源结构，持续提升清洁低碳能源供应占比，促进绿色能源消费，做到能源资源利用与生态环境保护的和谐统一；拥有强大能源技术创新能力，掌握先进能源资源开发利用技术及必要的战略储备技术，引领能源各领域发展方向，争得能源国际话语权；主要短板技术装备基本实现

---

① 李昕. 1949 年以来中国石油进出口地位演变. 西南石油大学学报(社会科学版)，2014，16（1）：1-6.

② 邱中建，赵文智，胡素云，等. 我国油气中长期发展趋势与战略选择. 中国工程科学，2011，13（6）：75-80.

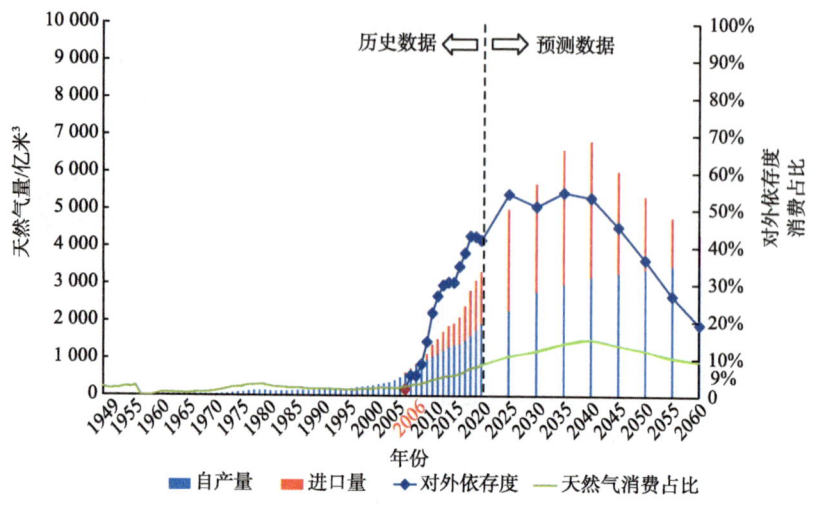

图 3-9 中国天然气能源大数据分析（1949～2060 年）

资料来源：《中国天然气勘探开发 60 年的重大进展》①（1949～1964 年数据）、《BP 世界能源统计》（1965～2020 年数据）、中国石油集团经济技术研究院《2060 年世界与中国能源展望（2021 版）》（2021～2060 年数据）、《我国油气中长期发展趋势与战略选择》②

突破，前瞻性、颠覆性能源技术快速兴起，新业态、新模式持续涌现，形成一批能源长板技术新优势；形成运转高效、共享平等的现代能源运行体系，能源政策、市场、监管、保障等各项机制完善。

2. 阶段性及其特征

我国能源发展处于重要的历史时期，是由能源大国向能源强国转变的关键阶段。这一根本性的重大转变，需立足世界能源发展历史视野，划分一个长远的、符合国情的、满足国际模式的能源强国建设阶段，并且应从能源安全及可持续发展的角度，按照科学供给满足合理需求的原则，大力发展非化石能源，重视煤炭能源的清洁高效利用，并逐步降低石油和天然气的对外依存度，保障国家能源安全。

---

① 戴金星，黄士鹏，刘岩，等. 中国天然气勘探开发 60 年的重大进展. 石油与天然气地质，2010，31(6)：689-698.

② 邱中建，赵文智，胡素云，等. 我国油气中长期发展趋势与战略选择. 中国工程科学，2011，13（6）：75-80.

对标典型国家能源发展规律，得出我国 2060 年符合历史唯物主义观点的合理煤炭消费占比应在 14%～30%的稳定平衡带内，可暂取平均值 22%；另外，符合我国能源状况、满足对外依存度安全警戒线的石油、天然气能源合理消费占比分别为 6%、9%；因此，可以得出非化石能源在 2060 年一次能源消费中的占比将达到 63%（图 3-10）。

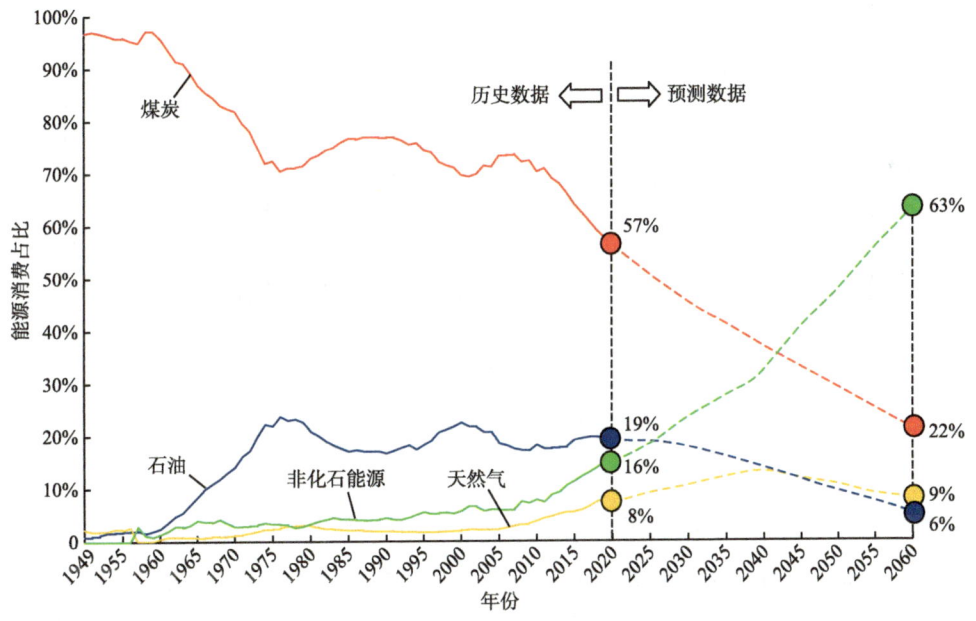

图 3-10　我国能源强国能源消费结构合理占比及消费预测

资料来源：《中国工业经济统计资料》（1949～1964 年数据）、《BP 世界能源统计》（1965～2020 年数据）、中国石油集团经济技术研究院的《2060 年世界与中国能源展望（2021 版）》（2021～2060 年石油、天然气数据）、本书预测（2021～2060 年煤炭、非化石能源数据）

根据我国全面建设社会主义现代化国家及其"两步走"的战略安排，结合典型国家能源发展历史的社会实验大数据分析结果，将我国能源强国建设划分为以下三个阶段（图 3-11）。

1）第一阶段（2020～2035 年）

通过 15 年的建设，我国能源体系达到世界一流水平，完全能够满足我国社会主义现代化建设的能源需求。第一阶段主要特征是支柱能源煤炭在保障

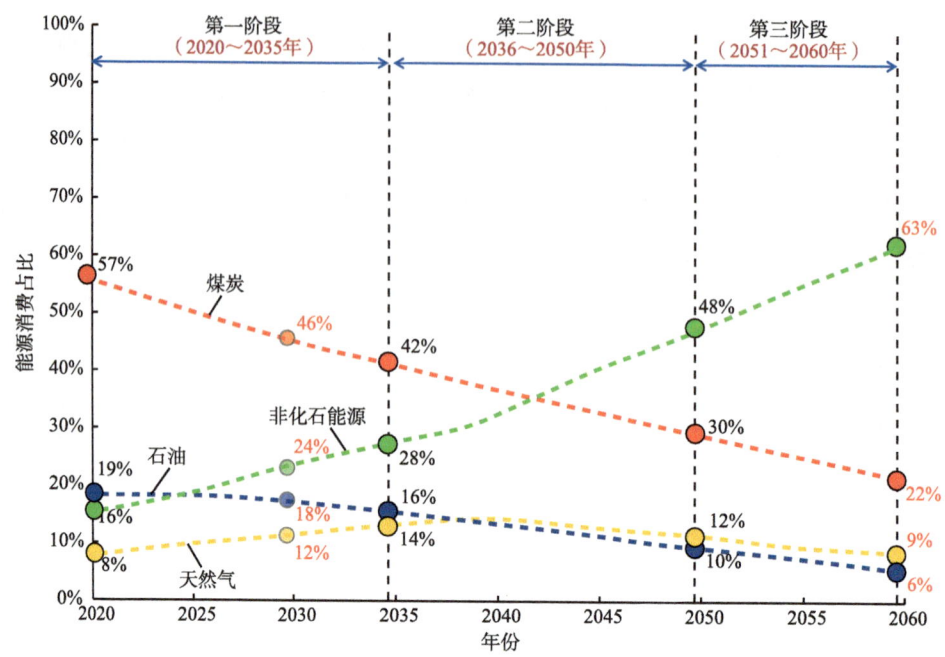

图 3-11　我国能源强国建设阶段划分

资料来源：图中数据均为本书研究得出

国家能源安全中的基石地位进一步夯实，清洁高效利用水平不断提高，消费占比为 42%左右，煤炭能源自给能力高；结合我国"富煤、贫油、少气"的能源禀赋特点，油气对外依存度稳固降低，石油消费占比稳中有降，天然气消费占比稳中有升，分别占比 16%和 14%，并通过进口通道和来源国多元化来提高国家能源安全应急能力；通过节能降碳和新能源技术研发国家实验室、国家重点实验室、国家技术创新中心等重大科技创新平台的建立推动能源关键领域关键技术的发展，并促进如风电、光伏、核电等前瞻性、颠覆性能源技术快速兴起，促使非化石能源占比超过石油，提升至 28%左右，成为我国第二大消费能源。2030 年，我国能源消费结构占比中，煤炭、非化石能源、石油、天然气消费占比分别约为 46%、24%、18%、12%。

我国能源领域成为重大原创低碳科技的主要领域，低成本储能用能新材料关键装备研发与生产能力逐步提高；CCUS 技术、财税激励政策、CCUS 碳排放交易体系等得到市场化、商业化应用；超临界燃煤发电、煤基深加工技术、二氧化碳资源化利用等国家能源高效转化技术提升；能源产业体系完备程度和能源系统灵活调节能力进一步增强，国际能源议价能力不断提升，初步形成我国能源安全保障体系。

2）第二阶段（2036～2050 年）

通过第二个 15 年建设，我国建成能源强国，科技创新水平位居世界前列，能源领域战略科技力量支撑能源强国作用得到显著发挥，能源体系完全能够保障我国现代化强国建设的能源需求。本阶段主要特征是支柱能源煤炭占比继续大幅降低到 30%，成为第二大消费能源；非化石能源占比持续提升成为第一大消费能源，消费占比上升到 48%，本阶段逐步实现"增量需求全部满足，存量需求逐步替代"的过程，自给能力大幅提升；随着太阳能、风能、地热能、海洋能及储能等新能源科技创新技术快速发展，低碳化和多元化的能源发展特征明显突出，石油和天然气对外依存度持续降低，消费占比分别为 10%和 12%。

本阶段，我国重点耗能行业能源利用效率达到国际先进水平。低成本可再生能源技术成为能源科技发展的主流，装备研发取得突破性进展，大数据、人工智能、区块链等技术的快速发展为低成本可再生能源技术改变我国能源发展格局提供了有力支撑。产学研协同顺畅，形成完善的科技成果转化生态链。能源供给侧的电力零碳化、燃料零碳化水平进一步提升；能源需求侧的能源利用高效化、再电气化、智慧化水平大幅提升，初步形成了以新能源为主体，化石能源+CCUS 和核能为保障的未来清洁零碳、安全高效能源体系。国家关键能源产品定价能力、能源技术研发水平等国际能源影响力大幅提升。

3）第三阶段（2051～2060 年）

通过 10 年建设，我国全面建立清洁低碳安全高效的现代能源体系，能效水平、能源科技、能源装备达到国际领先水平，引领世界能源发展。本阶段主要特征是在新能源与智能化等技术进步和成本快速下降的推动下，非化石能源成为支柱能源，消费占比达到 63%；随着化石能源消费持续减少，煤炭消费占比降低至 22%，石油和天然气消费占比分别为 6%和 9%。在本阶段，传统能源网络基础设施与现代交通网络、信息网络、新基建广泛融合，冷、热、气、电等不同能源品种基础设施深度融合，多种能源品种和环节壁垒被打通，能源系统整体能效得到充分完善。全产业链/跨产业低碳技术、矿区生态修复关键技术等科技创新与重大成果得到高效转化。能源基础设施发展不平衡问题得到有效解决，支撑国家区域协调、新发展格局等战略实施，电力实现脱碳与零碳化，并通过 CCUS 技术与自然碳汇进一步助力净零碳排放。通过本阶段能源发展建设，有效推动碳资源配置优化，以成本效益最优的方式实现碳减排，并促进技术进步、产业升级，科学实现碳消纳量超过碳排放量，树立与我国能源强国发展相适应的国际话语权和影响力。

第4章　我国能源强国建设路径及政策建议

4.1　建设能源强国的碳中和对策

实现双碳目标是党中央做出的重大战略决策，需要科技创新和技术发展提供有力支撑。实现碳中和是一场广泛而深刻的经济社会全方位的变革，是系统性、战略性和全局性工作。要全面规划和统筹，做好打持久战的准备。实现碳中和，需从控制碳排放量和增加碳消纳量两大方面统筹协调，满足碳中和平衡方程。

$$\sum_{i=1}^{n} Q_{i,排放} - \sum_{j=1}^{m} Q_{j,消纳} = 0$$

式中，$Q_{i,排放}$ 表示人为排放的碳量（单位：吨），包括化石能源燃烧、工业生产、土地利用、林业等活动排放的碳量；$Q_{j,消纳}$ 表示人为消纳的碳量（单位：吨），包括陆地和海洋碳汇量，二氧化碳捕集、利用与封存量等。

实现双碳目标需要统筹全国优势力量，尽早形成实现碳中和所需各项技术的研发体系。政府与市场协力，推动碳中和所需产业稳健发展。尽快建立碳排放与碳足迹计量评价国家标准体系。促进节能减排，建立完善的固废处理技术体系和产业，同时为风、光等新能源发展创造有利条件。

一是要全面控制碳排放。2019 年，化石能源生产与转化占碳排放总量的47%。要按照绿色低碳的发展方向，化石能源的消费要立足国情、控制总量、有序减量替代，推进煤炭消费转型升级。通过实施清洁能源消纳行动计划，多措并举促进清洁能源利用，逐步形成煤、油、气、清洁能源多轮驱动的能源供应体系，同步加强能源输配网络和储备设施建设。另外，加强聚焦工业、建筑、交通运输、公共机构等重点领域，加快实施节能减排改造升级，加速淘汰落后产能，提升新型基础设施能效水平，不断提升能源利用效率和减污降碳协同效应，推动能源全面节约集约循环利用。

二是大力提高自然碳汇和碳捕集能力。受资源、技术、经济性等因素影响，2020 年我国自然碳汇能力约为 18 亿吨/年，碳捕集能力约为 0.03 亿吨/年。根据权威预测及本书 2060 年能源结构战略性调整目标，2060 年我国能源生产、消费及工业非能利用领域还有约 48 亿吨碳排放，这 48 亿吨碳需要通过自然碳汇、碳捕集等措施予以解决。预计到 2060 年，我国碳汇能力将达到 23 亿吨/年到 25 亿吨/年，其中海洋吸收和陆地无机过程吸收合计约 10 亿~12 亿吨，陆地生态系统吸收约 13 亿吨。剩余 23 亿~25 亿吨可通过 CCUS 技术进行去除，据《中国二氧化碳捕集利用与封存（CCUS）年度报告（2021）》预计，2060 年，我国 CCUS 能力或将达到 29 亿吨/年，满足碳消纳量的需求。因此，为实现上述目标，应提高碳捕集能力，积极开展生态治理，加大力度实施植树造林、荒漠改善、水土保护等行动，发挥森林、农田、湿地等重要作用增加自然碳汇。同时，积极研发和推广化石燃料 CCUS、生物质碳捕集。

通过能源消费结构转型来控制碳排放，提高能源利用效率，节能减排，从而推进自然碳汇和碳捕集能力来提高碳消纳量，多措并举实现碳中和目标。

4.2　建设能源强国的技术路径

能源技术的快速发展迭代，将成为能源向绿色低碳转型的核心驱动力，从而推动能源产业从资源、资本主导向技术主导转变，促进实现能源强国建设目标。应加强开展以下几方面的技术研究。

4.2.1　提高能源利用效率、节能减排

我国单位 GDP 能耗为美国和日本的 2 倍以上、OECD 欧洲成员国的 3 倍、世界平均水平的 1.5 倍，具有较大下降空间。立足国内多元供应保安

全,大力提高能源利用效率,节能减排,形成煤、油、气、核、新能源、可再生能源多轮驱动的能源供应体系,同步加强能源输配网络和储备设施建设。

把节能降碳和提高能效作为经济高质量发展的重要着力点,聚焦工业、建筑、交通运输、公共机构等重点领域,加快实施节能减碳改造升级,加速淘汰落后产能,提升新型基础设施能效水平。倡导简约适度、绿色低碳的生活方式,实现能耗"双控"向碳排放总量和强度"双控"转变,不断提升能源利用效率和减污降碳协同效应,推动能源全面节约集约循环利用,成为全球能效"领跑者"和碳中和"先行者"。

4.2.2 煤炭资源高效开采利用,做好煤炭这篇文章

1. 开展先进煤炭开采方法研究

目前,我国普遍采用 1706 年起源于英国的煤炭开采方法,采出率低于50%,造成煤炭资源极度浪费。推进先进煤炭开采方法研究,提高煤炭资源采出率,减少环境损害,强化安全生产保障,建设生态保护的绿色煤炭工业体系。

2. 开展煤气共采方法研究

在采煤过程中,煤层气直接排放于大气中,导致大量煤层气资源浪费和温室气体排放。推进智能化煤气同采关键技术攻关,加快实现煤炭与煤层气安全高效协同开采,实现瓦斯资源化利用和减少温室气体排放的目标。

3. 开展富油煤高效规模化开发技术与工艺研究

富油煤是集煤、油、气属性于一体的矿产资源,通过热解技术提取煤中的油气资源,将有利推动煤炭绿色低碳开发和油气资源自给,但富油煤开发面临地质分布规律不清、地面工艺热解规模小、地下原位热解技术不成熟等挑战。在厘定高质量富油煤地质分布的基础上,着力研发大规模富油煤地面

热解工艺、地下原位热解技术与装备，并深化热解油气中下游产业，实现富油煤热解油、气和半焦资源的综合开发与高附加值利用。

4. 开展超临界水蒸煤技术等煤炭洁净高效低碳转化利用技术研究

将煤炭化学能有序转化为氢气化学能与电能等，从源头上根除气态和颗粒污染物的生成，同时实现高浓度二氧化碳产物的自然捕集。推进超临界水蒸煤关键技术产业化攻关，打造制氢发电供热及煤化工核心支撑技术和产业，一体化实现清洁、零碳、高效、节水、低成本、电热气多联产和高质价转化与利用。

5. 研发煤炭原位气化装备及技术

原位流态化开采可以改善目前矿业领域生产效率低、安全性差、生态破坏严重、资源采出率低、地面运输/转化能量损耗大等一系列问题。构建一套井下原位采、选、充、电、气、热、输运一体化的无人作业智能采掘与转化技术体系及设备，实现深部煤炭资源开采理念与模式的变革。

6. 研发煤制油、煤制气装备及技术

煤炭转化为工业原料的过程中，一般只有 20%的二氧化碳排放到空气中。开展煤制油、煤制天然气、低阶煤分质利用、煤制化学品等通用技术装备升级示范，加强先进技术攻关和产业化，充分发挥煤炭的原料功能。

7. 采煤的同时创造二氧化碳地下封存空间技术

将采煤过程与创造二氧化碳地下封存空间相结合，研发一种新的煤炭开采方法，充分利用采矿后顶部垮落岩石的碎胀特性，消除地表沉陷，形成封闭的二氧化碳地下封存空间。

4.2.3 油气稳产增产

（1）稳油增气，加快降低油气资源对外依存度，夯实国内能源生产基

础，保障煤炭供应安全，保持原油、天然气产能稳定增长，加强煤气油储备能力建设，推进先进储能技术规模化应用。

（2）加大非常规油气资源规模化开发，煤层气作为一种廉价、洁净、高效的新型洁净能源，其高效开采对优化能源结构具有重要意义。积极鼓励煤层气的勘探开发，推进煤层气的开采新技术及工艺的研究，实现煤层气产业的可持续发展。

（3）促进石油回归原料属性，以及石油在推广油气混动交通等领域的清洁应用。要坚决控制石油能源消费，化工用油逐渐成为石油消费主力。

（4）推进天然气消费在燃气窑炉、燃气锅炉、区域热电联产和冷热电三联供等领域的清洁应用。

4.2.4　大力开发可再生能源等非化石能源

1. 积极开发水电

重点推进大型水电基地建设、在水能方向开展发电机的定子绕组等控制设备的高效散热等技术研究，持续推动风电提升全产业链技术水平，优化水能发电发展布局，在继续推进集中式基地建设的同时，大力发展新型储能材料和技术，实现应用并发挥出灵活性资源效应。

2. 加强核能科技领域的创新发展

实现核电安全高效、规模化发展，加强核燃料循环前端和后端能力建设；开发以铅基堆和钠冷快堆为主的第四代核能系统，大幅提高铀资源利用率，实现放射性废物最小化，解决核能可持续发展面临的挑战，大力发展小型模块化反应堆技术，开拓核能供热和核动力等利用领域。

3. 太阳能发电技术创新

进行超超临界熔盐太阳能热发电研究，加快熔盐系统和机组容量匹配、高温高能流密度条件下吸热器运行、传热流体材料与结构材料之间的腐蚀机理、吸热器结构材料的高温力学行为和吸热器疲劳设计、膜层设计与制备等研究；进行超临界二氧化碳太阳能热发电研究，加速解决基于超临界二氧化碳动力循环、二氧化碳换热方法、高温高效吸热器设计理论与方法、储热放热模式等方向的研究。

4. 加强风能高效利用

突破大功率风电机组研究，进行大型风电叶片测试技术研究及测试系统研制；进行深水远岸风电抗台风/海浪/腐蚀器件研究，进行超大功率海上固定式风电机组及关键部件研究、系统设计及自主关键装备研制，开展超大型海上风电机组一体化分析、计算和设计，以及轻量化风力发电机等部件设计、制造，开展漂浮式风电装备机组-浮体-系泊一体化设计，以及海上风电直流升压变换器及其大功率、高效率、高功率密度拓扑和控制保护研究，解决低成本、高效率汇集、输送及稳定运行控制问题等。

5. 源网荷储一体化电力系统

大力推进源网荷储一体化电力系统建设，充分发挥发电侧、负荷侧的调节能力，促进供需两侧精准匹配，保障电力可靠供应，提高电力系统功率动态平衡能力，实现能源资源最大化利用，为新能源大规模并网与多能互补发展提供重要支撑。

4.2.5　加强新能源开发利用

1. 地热能开发利用

加大地热资源开发关键核心技术攻关。同时，开展废弃矿井储能循环装置及闭式废弃矿井储能循环系统研发，实现对地热能的有效循环利用，避免热能资源浪费，缓解矿井直接废弃带来的资源浪费与社会问题。开展热流体在储存中运移与传热、基于"地热+"多能互补原理的含水层长期储/供热等研究。

2. 地下中子能开发利用

积极开发地下外中子源驱动先进核能系统（简称地下中子能系统），重点推进地下中子能电站建设。作为一种新型清洁能源，中子能系统可将核燃料的利用率提高到 90%以上，是传统压水堆核燃料利用率的 30 倍以上，同时，可充分利用核废料，使其变废为宝，是未来我国具有代替传统能源潜力的清洁高效、战略性支柱新能源。

3. 氢能开发利用

开展电解水制氢，氢的存储、释放及利用研究，加快研发低能耗长寿命可再生能源规模化制氢技术以及大容量、低成本、高安全性氢能储存与运输技术，重点突破高效、低成本、长寿命的燃料电池技术、氢内燃机技术，拓展氢能在钢铁、水泥、化工等领域的融合减碳技术，以及二氧化碳耦合制甲醇（绿色燃料或称液态阳光）等方向的研究。加强氢能产业创新体系建设，加快突破氢能核心技术和关键材料技术瓶颈，加速产业升级壮大，实现产业链良性循环和创新发展。

4. 其他新能源开发利用

积极有序发展生物质能源、硅能源、可再生能源等其他清洁能源，兼顾清洁电量供应与灵活性资源补短板，推动能源技术与现代信息、新材料和先进制造技术深度融合，探索能源生产和消费新模式。

4.2.6　加强碳汇核心技术研发

1. 加强陆地森林资源培育，提升生态系统碳汇能力

开展国土绿化行动，不断增加森林面积和蓄积量，加强生态保护修复，增强草原、绿地、湖泊、湿地等自然生态系统固碳能力。推动生态旅游、森林康养、林下经济等新兴业态的融合发展，有效发挥森林、草原、湿地、土

壤、冻土的固碳作用，提升生态系统碳汇增量。

2. 加强陆海统筹，积极开展海洋和陆地碳汇机制与负排放技术研究

海洋和陆地生态系统是最重要的碳汇。数据表明，2010～2019 年，海洋和陆地生态系统累计吸收了人为碳排放的 57%。海洋和陆地在全球碳循环中扮演重要角色，海洋及陆地碳汇不仅可以减缓气候变化造成的影响，而且在保护海岸带免受侵蚀和减轻水体污染等方面发挥着至关重要的作用。鼓励海洋碳汇的科研和负排放技术试点示范工作，不断提升海洋碳汇监测技术，提高海洋碳汇资源的恢复能力。积极开展陆地及海洋碳汇机制与负排放技术研究，构建由陆到河、由岸到海、由近及远的空间管控格局，增强我国碳汇能力。

3. 实现生态保护、陆海产业、基础设施、公共服务一体化统筹发展，增强我国碳汇能力

通过国土空间规划和用途管控，加快森林城市、森林小镇、森林乡村建设，织密织牢森林绿色网络和水系生态网络，持续开展大规模造林绿化和生态修复，要统筹推进低碳交通体系建设，提升城乡建设绿色低碳发展质量。推进山水林田湖草沙一体化保护和系统治理，巩固和提升生态系统碳汇能力。同时，加强海洋碳汇过程机制研究和负排放潜力评估，发展滨海湿地碳汇、养殖环境增汇和微生物增汇等技术，探索有效的海洋负排放综合技术。开展绿色低碳社会行动示范创建，增强全民节约意识、生态环保意识。

4.2.7 推进 CCUS 技术研究与产业化推广

煤炭清洁高效利用是立足我国资源禀赋、确保能源安全的重要战略举措，是建立具有强大新型能源体系、实现能源强国目标的首要任务。而CCUS 是实现煤炭低碳洁净高效利用的关键，或将显著影响我国煤炭行业低

碳化发展的进程甚至方向，因此坚定不移推进 CCUS 技术研究与产业化应用尤为重要。

1. 加强 CCUS 产业顶层设计与关键技术研发，推进协同创新

由国家层面制定 CCUS 总体发展规划并统筹产学研联合攻关，将 CCUS 技术作为国家重大科技专项予以支持，加大 CCUS 科技投入，搭建系统的政策框架体系，有序推动 CCUS 在燃煤发电、石化、化工、钢铁、水泥等行业应用。加强统筹规划和系统部署 CCUS 纳入科技创新中长期发展规划，突破 CCUS 技术中降低能耗、提高封存安全性的关键科学问题，加快关键技术攻关，开展大规模集成示范，加速推进 CCUS 产业化集群建设，积极参与并深化 CCUS 技术多边机制合作，加强技术联合研发与知识共享。

2. 围绕低浓度二氧化碳捕集、生物利用、工业化利用、大规模地质利用与封存、碳汇计量等关键环节开展核心技术攻关

CCUS 按流程分为捕集、输送、利用与封存四个环节。2005 年以来，我国捕集环节已发展出数十种技术，与此同时，利用与封存环节也发展出生物利用、化工利用、地质利用与封存的数十种技术。推动 CCUS 全产业链技术提升，需要突破低能耗低成本的关键捕集技术，构建大规模长输管道安全保障技术，建立地质利用与封存长期安全评价技术，开发 CCUS 集成与集群技术，设计构建生物质固碳转化新途径，推动传统低碳产业的绿色升级，加强二氧化碳驱油技术的推广应用，尽快赶超国际先进水平。

3. 推动 CCUS 全产业链技术提升，研发中国式 CCUS 产业体系

二氧化碳大规模利用和封存是 CCUS 技术发展的目标，建议因地制宜优先发展较为成熟的利用技术，优先在东部开展二氧化碳化工与生物利用技术应用推广，在中西部开展二氧化碳地质利用与封存技术示范。CCUS 产业集群可有效降低技术成本并增强技术应用的可行性，与未来清洁能源系统相结合有望构建新型多元能源系统，未来应合理规划 CCUS 产业集群分布，为我

国实现"碳达峰、碳中和"目标提供重要技术支撑。

4.2.8 加强多元化储能关键技术攻关

储能是能源革命的关键技术，是实现"碳达峰、碳中和"目标的重要支撑，也是催生国内能源新业态、抢占国际战略新高地的重要领域。多元化储能技术能够显著提高风、光等可再生能源的消纳水平，是推动主体能源由化石能源向可再生能源更替的核心技术。

1. 积极开展新型储能技术研发，支持储能技术多元化发展

重点开展新型储能关键新材料、新技术、新装备研发，大力发展电化学储能技术、压缩空气等其他储能技术以及熔盐储能技术等多元化储能技术，开展废弃矿井储能循环系统研发。鼓励不同类型储能技术示范应用和规模化开发，支撑商业储能电站示范。

2. 加强可再生能源储能技术攻坚，助力主体能源清洁高效转变

强化对绿电制氢和氢燃料电池关键技术、大型变速抽水蓄能技术、大型风电光伏基地的储能集群优化布局与协调控制等可再生能源储能技术的攻坚力度。重点以高安全、低成本、可持续为攻关目标，鼓励发展不同技术攻关路线，提高储能灵活性，打造可再生能源储能保障系统、助力实现主体能源清洁高效转变。

3. 建立健全新型储能技术标准、管理、监测、评估体系，保障新型储能项目建设运行的全过程安全

一方面，强化标准的规范引领和安全保障作用，积极建立健全新型储能全产业链标准体系，加快制定新型储能安全相关标准，开展不同应用场景储能标准制修订。加快建立新型储能项目管理机制，规范行业管理，强化储能安全风险防范。另一方面，明确新型储能独立市场主体地位，营造良好的市场环境。研究建立新型储能价格保障机制，研究合理

的成本分摊和疏导机制。创新新型储能商业模式，探索共享储能、云储能、储能聚合等商业模式应用，鼓励发电企业、独立储能运营商联合投资新型储能项目。

4.3　建设能源强国的颠覆性技术

任何一项颠覆性技术的突破都将引起未来能源体系的格局发生重大变化，颠覆性技术的研发和推广应作为能源强国建设的重点任务。根据调研分析，我国存在以下颠覆性技术的可能性。

4.3.1　无公害生态采煤新技术

1. 生态保护的 110/N00 工法

长期以来，我国煤炭开采方法普遍使用的长壁开采 121 工法（开采 1 个工作面，掘进 2 条巷道，留设 1 个煤柱），属于欧美技术体系，起源于 1706 年的英国，距今已有 300 多年，十分陈旧。这种开采方式存在五个最突出的公害问题：一是煤炭资源浪费严重。121 工法因需要留下部分煤充当煤柱，使煤矿的平均采出率不到 50%，即煤炭资源只能采一半、留一半。若按我国每年 38.4 亿吨煤炭产量计算，每年留煤柱造成的煤炭损失达 38 亿多吨，价值 2 万多亿元，给国家造成了巨大的资源浪费和经济损失。二是巷道掘进工程量巨大。据统计，平均每开采 1 万吨煤就需要掘进 30～40 米巷道，若按我国每年 38.4 亿吨煤炭产量计算，需掘进 13 000 公里巷道，掘进费用高达 1300 亿元，三年下来，我国煤巷的掘进量就达 40 000 公里，长度相当于绕地球一周。三是安全问题严重。据统计，在我国煤矿事故中，巷道事故约占 91%，即绝大多数事故都是由掘进巷道造成的。传统 121 工法巷道掘进量巨大，带来的事故势必会多。另外，我国浅部煤炭资源已开采殆尽，煤炭开采进入深部，其巷道围岩产生的大变形、大地压等问题突出，更容易发生巷道事故。四是地表生态破坏严重。传统 121 工法开采煤矿后，容易形成沉陷区，对土地、水资源、建筑物、生态环境等都会造成严重破坏，直接影响到经济社会及生态环境的可持续发展。据统计，我国共有 23 个省区市共 151 个县（市、区）分布有采煤沉陷区，面积达 3000 多万亩[①]。若按我国每年 35 亿吨煤炭产量计算，每年还将新增沉陷区 125 万亩。五是煤层气直接排放破坏环境。煤层气直接排放的气体，产生的温室效应为二氧化碳的 20 倍，对臭氧层的破坏力是二氧化碳的 7 倍。

生态保护的 110 和 N00 工法，与传统 121 工法相比，具有以下突出优势：一是不用再留煤柱，采出率提高至接近 100%，即可将煤炭资源几乎全部采出。二是 110 工法比传统 121 工法少掘进一半的巷道，N00 工法几乎不再需要掘进巷道，大大减少了开采成本。三是巷道掘进量少，且通过切顶卸压，将造成巷道事故的"罪魁祸首"——顶板压力——卸掉，显著提高了煤矿安全性。四是充分利用岩石碎胀特性，消除了沉陷区，实现地表生态保护。五是煤气同采，消除了瓦斯灾害，提高了煤层气采出率，降低了碳排放。

通过攻关研究，有望使我国在 110/N00 理论研究、工法技术、装备制造和人力方面具备优势，按照国家"一带一路"倡议部署，建立一流采矿技术装备体系，全面提升中国煤炭的世界地位，打造中国特色煤炭产业新名片，推动相关装备、技术与服务贸易"走出去"，提供国际煤炭产业节能减排、降本增效、安全可靠、保护环境的可持续发展的中国方案，提高我国煤炭行业国际竞争力。

2. 煤气同采技术

煤层气是赋存于煤层及其围岩中与煤系伴生的一种优质洁净的能源。我国煤系伴生煤层气储量丰富，埋深 2000 米以内的煤层气资源达 36.8 万亿立方米，居世界第三。目前，我国煤层气和煤炭开采系统相互分离，其中，煤层气开采以钻井降压排采方式为主，煤炭开采则以欧美 121 工法为主。在

---

① 1 亩≈666.7 平方米。

121 工法采煤过程中，煤层气经通风系统直接排放，不仅导致大量煤层气资源流失，而且煤层气的随意排放会产生二氧化碳，加剧温室效应。煤炭与煤层气本为伴生、共生资源，目前这种煤气分离的开采方式，在资源、环境、安全等方面存在以下突出公害问题：一是共生资源分离开采，重复投入成本高。目前煤炭和煤层气开采，均需提前进行大量巷道掘进工程或钻井工程建设。然而，煤层气开采未能充分利用采煤通道，而是重新开展钻井、完井和压裂等复杂流程作业，投资超千亿元，重复投资大，准备时间长，开采成本高居不下。二是煤层气采出率低，资源浪费严重。按全国煤层平均含气量约 10 米 ^{3}/吨计算，2020 年我国产煤 38.4 亿吨，煤层气储量可达 384 亿立方米。然而，据统计，2020 年我国煤层气产量只有 100.8 亿立方米，采出率仅为 26%，大部分煤层气往往未能利用而是直接排放，导致大量煤层气资源浪费。三是煤层气直接排放，破坏生态环境。在煤层气直接排放的背后，是巨量的温室气体进入大气，其产生的温室效应为二氧化碳的 20 倍，对臭氧层的破坏力是二氧化碳的 7 倍，将对环境造成极大危害，增加了我国在温室气体减排方面的国际压力。四是气体资源变为灾害，瓦斯事故频发。由于现行的采煤体系不能将煤层气资源及时有效采出，使煤层气变成煤矿瓦斯灾害。据统计，1949~2022 年，全国共发生 25 起一次死亡百人以上的特别重大事故，其中，瓦斯事故 19 起，事故起数和死亡人数分别占总数的 76% 和 79%[1]。

通过攻关研究，智能化 N00 矿井实现以后，矿井通风将取消，可以在采煤的同时将煤层气同时采出，实现煤气同采，对保障国家能源安全、促进节能减排、尽早实现双碳目标具有重要的战略意义。

4.3.2　采煤的同时创造二氧化碳地下封存空间技术

当前，二氧化碳地下封存技术的基本思路为将集中排放源分离得到的

---

①《全国政协委员、中国科学院院士 何满潮：加强煤气同采助力实现"双碳"目标（热点聚焦）》，http://paper.people.com.cn/zgnyb/html/2021-03/08/content_2037321.htm[2021-03-08]。

二氧化碳注入地下具有合适封闭条件的地层中隔离封存。常见的地下封存方式包括利用沉积盆地内深部咸水层、油气田及不可开采深部煤层封存。而我国因采煤会产生大量的地下空间，据预测，到 2030 年，我国废弃矿井数量将达到 1.5 万个，若按每个矿井地下空间 60 万立方米测算，具有约 72 亿~90 亿立方米的潜在空间。但由于传统 121 工法开采煤矿会造成地表沉陷，矿井地下空间与地表处于联通状态，难以形成封闭的二氧化碳存储空间。

因此，研发一种新的煤炭开采方法，充分利用采矿后顶部垮落岩石的碎胀特性，消除地下采矿造成的地表沉陷的现象，更加有利于形成封闭的二氧化碳地下存储空间。开展先进采煤工法创造二氧化碳地下封存空间相关方面的攻关研究，系统评价其存储的适应性和可改造性，并开展井下二氧化碳封存工程示范，有助于尽早实现碳中和任务，具有重要的理论意义与应用前景。

4.3.3　高碳能源零碳排放高效利用新技术

1. 超临界水蒸煤技术

我国以煤为主的能源消费结构短期内不会改变，以氧化、燃烧为特征的煤炭传统利用方式大规模工业化不可避免的后果是排放大量气态、固态和液态污染物，这是造成环境污染、城市雾霾、全球变暖等环境、生态问题的主因，严重影响人们的身体健康与生活质量，要实现国家战略目标，必须通过能源技术革命实现煤炭清洁高效转化利用及二氧化碳减排，实现国家能源的自主自立，构建清洁低碳、安全高效的能源体系，解决"卡脖子"问题。

超临界水蒸煤技术可以完全实现洁净（既没有硫氧化物、氮氧化物等有害气体排放，又没有废液和粉尘颗粒污染物等排放）、零碳（发电工艺流程中自然富集二氧化碳，不额外增加能耗）、高效（煤电净发电效率大于50%）、节水（发电为零耗水；制氢耗水量达最低值，为分解水制氢的理论耗水量）、低成本（百万千瓦机组一次投资比火电机组低 20%左右）、电热气多联产和高质价转化利用（在发电、供热的同时，可联产氢气和高纯二氧化碳，继而可进行化工工艺链接匹配创新，联产高性价含碳化学品；而由煤的灰分所产出的灰渣完全无害，是性能良好的原材料，是一种提纯特殊煤种中微量元素的好方法）。

超临界水蒸煤技术是一个典型的利用原创技术使传统煤炭利用产业形成革命性的技术突破，将在我国国民经济和社会发展中发挥重大作用。用好这项我国主导并引领的颠覆性技术，可充分发挥我国及"一带一路"共建国家丰富的煤炭资源优势，改变沿袭欧美基于煤炭燃烧发电和气态热解煤制气的传统技术一统天下的现状，有助于支撑我国"碳达峰、碳中和"双碳目标的快速实现，同时，助力保障我国能源的安全与供给体系转型，并因势利导，在国际上做好煤炭这篇文章，引领世界能源技术和产业的革命。

2. 富油煤地下原位热解技术

立足"国内油气自主供给能源安全"、"碳达峰、碳中和"双重战略要求，利用富油煤禀赋的油气属性特点，探索科学、高效的"取氢留碳"的油气资源提取开发技术势在必行。

富油煤地下原位热解生成的气体主要为甲烷、氢气、一氧化碳和烃类气体等；生成的油为煤焦油，类似于重质石油，可通过前处理、加氢精制和加氢催化裂化工艺等达到清洁燃料油标准。热解生成的气体主要成分是甲烷、氢气、一氧化碳和烃类气体等，其中，甲烷体积分数达 55%～77%，氢气体积分数达 42%～51%。与天然气相比，氢气和重烃气体体积分数相对较高，甲烷体积分数相对较低，热值基本相当，不仅可以直接用作燃料气，而且可以生产氢气、甲醇等天然气化工产品。在保障煤炭开发利用的零碳排放基础上，提高了国内油气资源的自给能力。

富油煤地下原位热解技术具有绿色、低碳、开采扰动小的优势，可分为井工式热解技术和钻孔式热解技术。前者是在富油煤有利区开展井巷工程布置，并利用井下巷道开展煤层分割、保温封闭处理、加热前工程布置、井下收油等；后者是通过注热孔和油气抽采孔实现抽采循环过程，其以小钻孔为基础，并采用人工造缝作为辅助方法，通过高温介质或电加热方式开展富油煤热解，并通过收油钻孔开展二次加热收油。

4.3.4　无核污染安全经济先进核能技术——地下中子能技术

核能作为一种清洁高效高能量密度的能源，是实现双碳目标的重要发展方向，近年来我国也在加大核能发展力度。根据国家"十四五"规划，预计到 2030 年，我国的核电装机约 1.2 亿千瓦，核电发电量约占全国发电量的 8%。传统的核电采用一次通过的铀循环方式，铀资源利用率仅为 0.6% 左右。我国目前已探明的可采天然铀资源储量约为 40 万吨，按照传统核电发展模式，每个百万千瓦反应堆每年需要消耗约 200 吨天然铀，为满足 1.2 亿千瓦装机的核电站需求，我国的铀资源储量仅能使用约 20 年，难以实现能源可持续安全保障。

为了充分发挥核能的优势，必须采用更加先进的核能系统——外中子源驱动先进核能系统。其原理是一种外中子源驱动的铅基次临界反应堆，通过外中子源的作用实现燃料的增殖和燃烧，最终的产物是低放射性的裂变产物。中子能系统可利用现有传统核电站产生的乏燃料及贫铀，也可以利用传统核电站不能利用的低浓铀燃料，这大大提高了资源利用率，将传统核电资源利用率从不足 1% 提高到 90% 以上。即使不开发新的铀矿资源，以目前中国乏燃料储存量（约 1 万吨）和贫铀量（约 8 万吨），用中子能系统来发电，理论上可满足 10 亿千瓦中子能系统使用 500 年以上。

地下中子能电站由中子源系统、能量产生系统、热电联供系统、监测控制系统、地下工程体及环境系统等六大系统组成。主要设备模块化设计，系统设备体积小，可安装运行在地下环境中。其具备高效经济、洁净安全、小型紧凑、资源可持续等特殊的优势。地下中子能电站采用次临界系统设计，外中子源驱动，与现有的电站反应堆相比，在设计上消除了超临界事故发生的可能，从源头确保地下中子能电站的安全。此外，地下中子能电站可利用现有的废弃矿井，经过初步的改造即可进行装置建造，节省了基建费用，运行维护成本降低。

4.3.5　碳消纳技术——海洋负排放技术

海洋在全球碳循环中扮演着重要角色，海洋浮游植物占地球光合净初级生产力的 45%以上。人为额外增加海洋碳汇的技术，即负排放。海洋负排放不仅可以减缓气候变化造成的影响，而且在保护海岸带免受侵蚀和减轻水体污染等方面发挥着至关重要的作用。相比于陆地生态系统的碳汇作用，海洋生态系统具有碳汇周期长、固碳效果持久等特点。

积极推动中国牵头发起海洋负排放国际大科学计划。鼓励海洋碳汇过程机制研究，开展海洋负排放试点示范，不断提升海洋碳汇监测技术。我们要加强海洋负排放综合储碳技术研究，特别是微生物介导的有机碳-无机碳联合增汇技术研究，积极探索能够支撑国家碳中和需求量级的增汇技术。加强海洋生态环境保护，恢复海洋植物生境，不断扩大海岛和海岸带海洋植物的面积，密切关注生物种群的数量及其活动规律，在数量和时机上对海洋植物的收割与海洋动物的捕捞进行科学有序的监测、预报和预警，加强海洋生态恢复技术的研究和实践，提高海洋防御生态灾害的能力，为发展海洋碳汇提供必要的条件和环境。

4.4　政策建议

（1）在 2050 年建成以新能源为主体的新型能源体系过程中，完善煤炭为主体、新能源为替代的能源体系，对保障能源强国建设是十分重要的。

（2）能源强国建设的战略性目标的实现，依赖能源领域的科技创新，依赖含碳能源、新能源和碳汇等方面的颠覆性技术，这些颠覆性技术的突破或部分突破都将改变未来我国能源格局，使其发生重大变化。

（3）在国际能源强国排碳、压碳的国际大背景下，做好煤炭这篇文章至关重要，研发满足可持续发展的无公害生态绿色开采新技术、高碳能源零排放利用技术等颠覆性科学技术，是实现我国能源科技国际领先的重大机遇。

（4）在国家实验室建设和国家重点实验室重组过程中，倾向性地布局能源领域的国家实验室和国家重点实验室，对我国能源系统创新性体系建设至关重要。

（5）建立能源创新人才培养体系，以"地""矿""油"有关的北京高校为基础，组建中国能源科技大学，为能源强国人才培养提供重要支撑。

第二篇

能源强国目标下提升能源科技竞争力的目标和实现路径研究

本篇主要研究成员：张涛、刘中民、李灿、陈海生、何京东、蔡睿、朱汉雄、陈伟、肖宇、李婉君、黄冬玲、王春、詹晶、郭琛、杨丽平、吕清刚、张香平。

第5章 能源科技发展现状、趋势与问题

当前，我国正处于从能源大国向能源强国迈进的加速期，也是"碳达峰、碳中和"目标下经济社会系统变革的起步期，能源科技创新的支撑引领作用更为凸显。能源科技强国是能源强国的重要组成部分，也是支撑引领能源强国建设的根本动力。

5.1 全球能源科技发展方向与趋势

纵观全球，能源科技创新进入高度活跃期，新产业新业态日益壮大，可再生能源、非常规油气、先进核能、氢能、储能、智慧能源等一大批新兴能源技术正以前所未有的速度加快迭代并跨越技术商业化临界点，成为全球能源系统向绿色、低碳、清洁、高效、智慧、多元方向转型的核心驱动力。新能源技术和一系列新兴技术的发展与深度融合，推动能源生产、转化、运输、存储、消费全产业链发生深刻变革。全球能源技术创新主要呈现以下十个新动向、新趋势。

（1）应对气候变化已经成为全球共识，碳中和行动正引领能源科技创新顶层布局，能源发展正由资源主导向技术主导转变。

（2）化石能源利用向高效低碳方向转型，以新技术推动煤炭由燃料向燃料与原料并重转型。

（3）可再生能源逐步实现高比例、大规模、低成本利用，带动能源消费结构由化石能源为主转向非化石能源为主。

（4）安全、高效、经济、可持续的先进核能系统持续取得突破，核能发

展再受重视。

（5）新型低成本规模化储能技术研发与应用正处在重要突破关口。

（6）低碳氢技术不断创新突破，应用场景由交通向工业拓展，有望推动化石能源与非化石能源融合，深度推进终端能源消费低碳零碳负碳发展。

（7）深度融合能源系统与大数据、人工智能、物联网、区块链等数字智慧技术的综合智慧能源系统成为各国新的战略竞争焦点。

（8）CCUS作为碳中和的兜底技术受到各国广泛重视。

（9）钢铁、水泥、化工、有色冶炼等高耗能、难减行业的深度节能减排技术获得高度关注。

（10）颠覆性技术对产业格局的冲击力更强、破坏性更大，有可能在短时间内彻底改变行业格局，受到各国高度重视。

5.2 我国能源科技发展现状与主要问题

经过"十二五""十三五"发展，我国初步建立了重大技术研发、重大装备研制、重大示范工程、科技创新平台"四位一体"的能源科技创新体系，按照集中攻关一批、示范试验一批、应用推广一批"三个一批"的路径，推动能源技术革命取得重要阶段性进展，支撑我国能源各分系统持续发展。

我国化石能源清洁高效开发利用技术国际领先，煤炭高效低排放发电技术水平世界领先，煤炭转化技术多元化、产业规模化发展显著；风电、光伏发电技术总体处于世界先进水平，建立了世界最大规模的产业基础，电网技术走在世界前列，支撑我国大规模可再生能源系统技术处于世界前列；先进核电技术自主可控，储能、氢能等先进技术快速发展，CCUS技术应用蓄势待发，有力提升了我国能源安全保障水平、能源利用效率、能源产业链自主能力。

但与世界能源科技强国相比，与引领支撑能源强国的要求相比，我国能源科技创新还存在明显差距，突出表现在以下几方面。一是核心技术以引进吸收为主，基础性、原创性、突破性、引领性创新不足，我国能源领域研究与开发（research and development，R&D）投入超过一半集中在化石能源领域，对可再生能源、新型电力系统与储能、氢能及燃料电池、交叉领域等新兴能源领域 R&D 投入不足；同时，基础研究投入占比较低，难以支撑原创性、引领性技术 R&D。绿色低碳技术创新水平与领先国家存在差距，2008～2017 年能源领域国际专利申请量、能源环境专利占全部专利比重不及美国和日本，CCUS 等前沿领域的专利基础尤为薄弱。需及时抢占新能源科技制高点，提升"领跑"能力。二是部分能源技术装备尚存短板，能源产业链自主可控能力偏弱，部分工控系统、关键零部件、专用软件、核心材料等大量依赖国外。三是跨系统、跨领域的技术集成能力较弱。面向能源系统问题，单项技术的突破难以打破现有能源供需格局，需要针对特定场景（典型区域、重点行业）开展技术集成，而目前我国跨系统、跨领域的技术集成能力较弱。四是推动能源科技创新的政策机制有待完善。重大能源科技创新活动分散在不同能源领域或不同类型的研究机构，创新协同性弱，创新效率不高，颠覆性技术创新机制有待建立，能源新技术产业化仍存在中试环节薄弱、行业壁垒、地方保护主义等羁绊，创新容错机制及标准、检测、认证、金融等公共服务机制尚需完善。

5.3　我国能源科技发展方向与趋势

我国已步入构建新型能源体系的新阶段，能源结构正处于从高碳到低碳、零碳的过渡期，能源生产和利用技术总体处于追赶态势。围绕"碳达峰、碳中和"战略决策，我国将形成从基础研究到应用研究再到工程放大和系统集成的全链条贯通式研发体系，以理论创新、技术创新及其实际应用为标志，为双碳目标的实现及相关产业健康有序发展提供关键科技支撑。未来，将在化石能源清洁高效开发利用的同时，加快可再生能源与核能规模互补利用、工业低碳零碳流程再造、智能电网与能源系统智慧化升级、二氧化碳资源化利用、绿氢/低碳醇的多能载体应用等，通过技术创新实现多种能源耦合利用，促进能源系统低碳化转型。

5.3.1　持续推动化石能源清洁高效开发利用

我国"富煤、贫油、少气"的化石资源禀赋决定了煤炭在当前及未来较长时期内仍然是我国能源消费的主体。双碳目标提出后，随着可再生能源比例的不断提高，煤炭利用面临低碳新挑战，要做好煤炭这篇文章，大力推进煤炭清洁高效利用。

（1）煤炭开采方面，经过长期发展，我国煤炭开采工业取得长足进步，基本保障了我国能源安全。未来，绿色智能安全是煤炭开采技术发展的方向，不断提高煤炭资源开采率，以及煤矿开采机械化、智能化水平。

（2）针对可再生能源电力的间歇性和波动性，煤电在能源结构转型过程中将为可再生能源大比例消纳提供灵活调峰能力。为此，燃煤锅炉高效、清洁、灵活、智能、安全的深度调峰是未来发展方向。

（3）煤炭是冶金、建材等基础工业的主要燃料和原料，工业燃煤锅炉和窑炉的高效、清洁、灵活燃烧是燃煤工业锅炉、窑炉技术的发展方向，将有助于推动基础工业的高效、绿色、低碳发展。未来，工业锅炉将通过技术升级改造，朝着大型化、环保型、节能型、高资源利用率的方向发展。

（4）煤化工承担着国家能源安全保障的作用，在当前复杂的国际形势下，通过煤制油气和化工品，实现油气补充替代，是保障国家油气安全的刚需。未来还需进一步降低水耗、能耗和原煤消耗，实现产品的灵活调变，大规模降低碳排放；在煤热解与燃烧耦合、煤转化与燃烧耦合、煤制清洁油品和特种燃料、煤制含氧化合物等高值化合物及可降解材料方面，需要进一步突破关键技术，形成成套工艺技术，开展工业示范，实现煤炭清洁高效利用，为以可再生能源为主的新型能源体系的建立提供重要的技术支撑。

（5）通过煤炭在跨流程间的物质和能量耦合，建立煤炭在不同行业间能量流和物质流关联，有助于促进多行业综合系统能效提升和二氧化碳减排。在双碳目标下，针对典型高耗煤、高耗能行业开展跨流程、跨领域的耦合成为未来技术发展方向。

（6）推进化石能源与 CCUS 技术融合。煤炭燃烧与转化是我国碳排放的主要来源。在"碳中和"目标下，需提前布局 CCUS 技术，以应对"不得不排放"的二氧化碳排放量的"中和"要求。在燃煤电厂、化工厂及其他高耗能行业推进大规模、高效率、低成本的 CCUS 技术利用是未来发展的方向。

5.3.2　大力推进非化石能源规模化利用

大力推进非化石能源规模化应用，不仅是双碳目标实现的基础，也是推动我国新型能源体系建设的起手。面向未来以大规模高比例可再生能源为特征的新型能源体系建设需求，应围绕太阳能、风能、生物质能、水能、海洋能、地热能、先进核能等方向进行重点布局。

1. 太阳能光伏方向

进行高效率低成本晶硅太阳能电池研制，加速钙钛矿、有机薄膜新型太阳能电池技术研制，探索太阳能光电转换新机理和新现象，研究太阳能电池新结构和新材料，探寻高效、低成本、绿色、环保和资源丰富的新型电池制备技术等；进行高可靠性、高性能海洋漂浮式光伏系统集成研究，进行抗腐蚀材料攻关；光伏系统应用朝着多元化、规模化、高效率、多场景方向发展，因地制宜发展水光互补、渔光互补、农光互补等综合应用。

2. 太阳能光热方向

进行超超临界熔盐太阳能热发电研究，加快熔盐系统和机组容量匹配、高温高能流密度条件下吸热器运行、传热流体材料与结构材料之间的腐蚀机理、吸热器结构材料的高温力学行为和吸热器疲劳设计、膜层设计与制备等研究；进行超临界二氧化碳太阳能热发电研究，开展基于超临界二氧化碳的动力循环、二氧化碳换热方法、高温高效吸热器设计理论与方法、储热放热模式等研究。

3. 风电方向

持续推进风电机组大型化，重点推进轻量化设计与新材料制造，大型风电叶片测试技术研究及测试系统研制；由陆向海，推进面向深远海的大型机组建设，开展深水远岸风电抗台风/海浪/腐蚀器件研究，加快超大功率海上固定式风电机组及关键部件研究、系统设计及自主关键装备研制，开展漂浮式风电装备机组、浮体系统、系泊系统一体化设计研究与示范；提升海上风电直流升压变换器及其大功率、高效率、高功率密度拓扑和控制保护研究水平，解决低成本、高效率汇集、输送及稳定运行控制问题等。

4. 生物质能方向

开展生物质高效解聚与转化基础研究，进行能源植物高效聚能固碳与抗逆分子机制及木质纤维素超微结构与化学/生物催化剂间构效关系等基础研究；针对开发高品质生物燃料的物质转化过程，开展生物质高效制备高品质气体、液体、固体等生物燃料技术研究，加快高品质生物燃料及高值化学品关键技术攻关；开展生物质能全链条智慧管理系统与生物能源智慧工厂技术研究，建设智慧零碳/负碳生物能源示范工程等。

5. 水能、海洋能及地热能方向

在水能方向开展发电机的定子绕组等控制设备的高效散热等技术研究；在海洋能方向加快波浪能、潮流能高效俘获与转换、高可靠自治运行、大型装置阵列化应用研究，加快突破盐差能兆瓦级发电示范及其综合利用、高效节能透平、换热器技术和深海冷海水大管径高强度管道结构与保温、敷设研究，推进大规模长时效海水淡化技术应用；开展风—波—流多载荷作用下浮式平台的动力学特性等研究；在地热能方向开展热流体在储层中运移与传热数值模拟研究，开展基于"地热+"多能互补原理的含水层长期储/供热等研究。

6. 核能方向

核能方向的近中期目标是优化自主第三代核电技术，实现核电安全高效、规模化发展，加强核燃料循环前端和后端能力建设；中长期目标是开发高温气冷堆、钠冷块堆、熔盐堆等新一代核能系统，大幅提高轴资源利用率，实现放射性废物最小化，解决核能可持续发展面临的挑战，适当发展小型模块化反应堆、开拓核能供热和核动力等利用领域研究；长远目标则是发展核聚变技术。

5.3.3 加快工业低碳零碳流程再造

在现有工业流程下，化工、钢铁、水泥、有色等高耗能行业难以依靠现有技术实现大幅度节能降碳，需以创新思维打破现有流程，以低碳/零碳流程再造实现高耗能行业的绿色低碳转型。在技术方向上，用非碳能源发电、制氢，再用绿电、氢能替代化石能源用于各工业领域。通过工业流程再造实现低碳化甚至非碳化，是实现碳中和的核心内容。目前，国际上在冶金、建材、化工等工业领域还没有用电力、氢能替代化石能源的成熟技术，仍需技术层面变革性的突破和行业间的协调；从工艺流程重构看，不同工业过程可从低碳化的"混合型"过渡至非碳化的"清洁型"，也可一步取代到位。同时，化工中以化石能源作为资源生产产品以及水泥中因使用碳酸钙而产生的不得不排放的二氧化碳可通过 CCUS 技术进行利用。

5.3.4 推进智能电网与能源系统升级

随着新型电力系统的构建，智能电网的升级对能源系统转型有着至关重要的作用。未来风电和太阳能发电将逐步成为主体电源，电网消纳新能源的任务将更加艰巨。由于资源和负荷的不平衡，以新能源为主体的电力系统依然存在着电源和负荷逆向分布的显著特征，远距离输电规模将持续扩大。未来应围绕新型电力系统、储能、氢能、交通、建筑等重点方向展开布局。

1. 新型电力系统方向

充分发挥电网优化能源资源配置的枢纽平台作用，统筹推进源网荷储协调发展，加快电网新型柔性互联系列化装置及自适应控制、融合边缘计算和云孪生的可再生能源-储能系统一体化集成控制技术及系统性能优化、新型电力系统建设等研究，开展新型储能和氢能技术在新型电力系统中的应用，提高电网接纳新能源和多元化负荷的承载力与灵活性。加快跨省跨区大型输电通道建设，强化分布式系统与大电网兼容能力，推进特高压柔性直流输电研究的攻关、配用电自动化改造提量及数字化升级、多芯/模组化智能电表研制，推广高压静止无功发生器（static var generator，SVG）设备应用、可视化智能运维等。

2. 储能方向

面向新型电力系统发展需要，需持续开发大容量、低成本、高效率、高可靠性与高安全性的新型储能技术，提高核心技术装备自主可控水平，完善标准体系，加速实现新型储能全面市场化发展。当前，我国除抽水蓄能外，其他类型的储能技术在技术水平和经济性上仍处于应用示范阶段或大规模应用起步阶段。未来，我国储能技术发展的重点方向包括百兆瓦级高安全性、低成本、长寿命锂离子电池储能技术，百兆瓦级压缩空气储能关键技术，百兆瓦级液流电池技术，钠离子电池、固态锂离子电池技术，高性能铅炭电池技术，兆瓦级超级电容器，液态金属电池、金属空气电池、氢（氨）储能、热（冷）储能等多元化技术的推进。同时，需集中攻关规模化储能全过程安全技术及智慧调控技术。

3. 氢能方向

开展电解水制氢，氢的储存、运输及利用研究。加快低能耗、长寿命可再生能源规模化制氢技术研究；研发大容量、低成本、高安全性氢能储存与运输技术；突破高效、低成本、长寿命的燃料电池和氢内燃机技术，推动氢能在交通领域的应用；开展二氧化碳加氢制甲醇（绿色燃料或液态阳光）等融合减碳技术的研究，拓展氢能在钢铁、水泥、化工等工业部门的应用。

4. 交通方向

需加快建立交通强国所需的绿色低碳技术科技创新体系，积极发展运载装备和基础设施的新能源及清洁能源应用、能效提升、末端处理、智能高效运输组织等方面研究；重点突破中型/大型电动货车及电动船舶、电动航空器技术，高性能燃料电池车、船、航空器技术、醇/生物质燃料船舶及航空器应用技术，进一步提升现阶段运载装备的能效水平，研发交通领域 CCUS 技术及运载工具智能高效运输组织技术。

5. 建筑方向

应提升电气化利用率，采用节能环保材料，推动超低能耗、低碳、近零碳建筑发展，开展光储直柔建筑配电+有序充电桩网络建设，与电动汽车发展配合有效消纳风电、光电。

第6章　我国能源科技创新竞争力评估与分析

6.1　竞争力评估方法及竞争力分析

6.1.1　竞争力评估方法

本章基于能源科技创新概念和创新链分析，构建能源科技创新指数（energy technology innovation index，ETII），用以评估国家能源科技创新能力，反映国家能源科技创新质量和效率，为能源创新政策实践和国家层面的监测评价提供支撑与服务。ETII 借鉴洛桑国际竞争力评价采用的标杆分析法（benchmarking），分为创新环境、创新投入、创新产出和创新成效 4 个维度（一级指标）。

（1）创新环境主要用来反映能源科技创新活动的制度建设、软环境营造情况，包括碳中和行动、政策环境、研发环境和清洁发展环境 4 个二级指标进行评估。

（2）创新投入主要衡量国家对能源科技创新活动的资源投入力度、创新人才供给能力及创新活动所依赖的基础设施建设和投入水平，包括公共资金投入、人力投入和基础设施投入 3 个二级指标。

（3）创新产出维度包括知识创造、技术创新、产业培育 3 个二级指标，反映能源科技创新成果产出（论文、专利、示范项目、产业化）情况。

（4）创新成效通过能源结构调整、能源安全改善、碳减排、节约能源、经济增长等方面，表征清洁低碳、安全高效现代能源体系的建设效果，反映能源科技创新的经济社会效益，包括清洁发展、低碳发展、安全发展、高效发展 4 个二级指标。

本章指标体系由 4 个一级指标、14 个二级指标和 60 个三级指标组成。具体指标如图 6-1 所示。

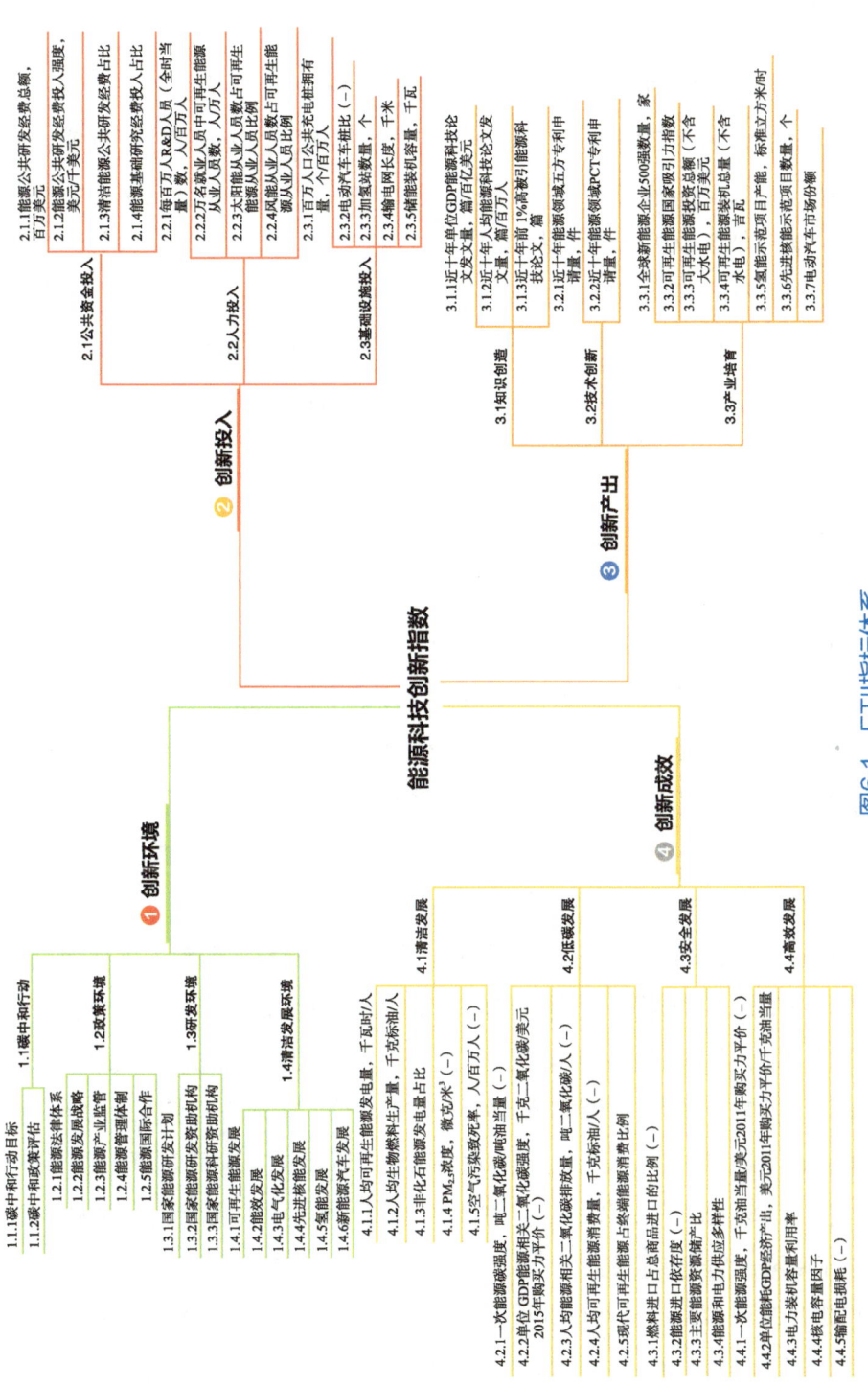

图6-1　ETII指标体系

PCT表示Patent Cooperation Treaty（专利合作条约）

6.1.2 竞争力分析

为更好地揭示中国与全球主要国家能源科技创新竞争力水平，本章选取 G20 作为评价对象。G20 聚集了世界上主要的发达国家和新兴市场国家，在全球经济、科技及能源发展中，特别是在全球能源供应、能源消费、能源革命、清洁能源创新及国际合作等领域，发挥着举足轻重的作用。将其作为评价对象，在发展水平、覆盖地域、经济规模、政治制度、产业结构、资源禀赋等方面都具有充分的代表性，能够为我国加快能源强国建设提供重要的科学参考。本章基于各国 2021 年 4 月 30 日前的各项指标数据，通过指标计算，得到各国能源科技创新指数，主要结果如下。

1. ETII 总体评价

根据指数评价结果，G20 国家能源科技创新鸿沟明显存在。发达国家如美国、德国、法国、日本、英国、加拿大、韩国等处在高分区段，中国是唯一得分排前十位的发展中国家。巴西、印度等金砖国家处于能源创新爬升期。低分区段国家为阿根廷、印度尼西亚、沙特阿拉伯。发达经济体 ETII 综合排名相对靠前，几乎在创新环境、创新投入、创新产出和创新成效四个维度上均占据优势。同时，发展中国家亦逐步通过加大投入力度推动更加系统彻底的能源转型。具体如图 6-2 所示。

美国作为发达国家的代表，处于全球能源革命与技术创新的领导地位。无论是在 ETII 总体得分，还是在创新环境、创新投入、创新产出、创新成效等各项维度上，美国均处于领先位置且优势明显，主要表现在以下几个方面。一是美国有着较为系统全面的能源政策与监管体系、明确的国家能源战略、成熟的国家研发计划体系、良好的清洁发展环境，以及持续高强度的研发资金投入和清洁技术基础设施建设；二是在反映创新产出规模的指标上领先优势显著，技术专利产出表现强劲，氢能、核能等示范项目均大幅领先，且可再生能源市场极具吸引力；三是在创新成效的清洁、安全、高效发展上均处于靠前的位置，不过碳排放强度仍未得到有效改善，使低碳发展表现相对较差。

国家	创新环境	创新投入	创新产出	创新成效	ETII
美国					A+
德国					A+
法国					A
中国					A
日本					A
英国					A–
加拿大					A–
韩国					A–
澳大利亚					B
意大利					B
墨西哥					B–
巴西					B–
印度					C
俄罗斯					C
土耳其					C
南非					C
阿根廷					C
印度尼西亚					D
沙特阿拉伯					D

图 6-2　G20 国家 ETII

图中颜色越深代表得分越高，其中，A+代表得分大于等于 70，A 代表得分为[65, 70)，A–代表得分为[60, 65)，B+代表得分为[55, 60)，B 代表得分为[50, 55)，B–代表得分为[40, 50)，C 代表得分为[30, 40)，D 代表得分为[20, 30)

但是，作为全球累计碳排放量最多的国家，美国在碳中和行动政策评估上均处于中等水平，这与英国、德国等差距甚远。

中国 ETII 表现居于前列，在能源科技创新投入、环境营造及产业培育上具有典型特征，创新环境、创新投入、创新产出三个维度表现超出大部分发达经济体，创新能力愈加凸显。在绝对值方面，中国在能源研究、开发及示范（research, development & demonstration，RD&D）经费投入及人力投入、科技论文产出、技术专利产出、产业培育等领域均处在前列，超过大部分发达经济体。但在以相对量指标为主的创新成效方面的表现不佳，在碳强度、可再生能源消费和供应结构、空气污染治理及能源产出效率等关键指标上表现欠缺。

2. 能源科技创新效能分析

能源科技创新效能是衡量一国能源科技竞争力强弱的重要综合指标。本章根据 ETII 4 个一级指标属性，把创新环境、创新投入归为总投入属性次级指数；创新产出、创新成效归为总产出属性次级指数，比较分析 G20 国家的创新效能，具体结果如图 6-3 所示。

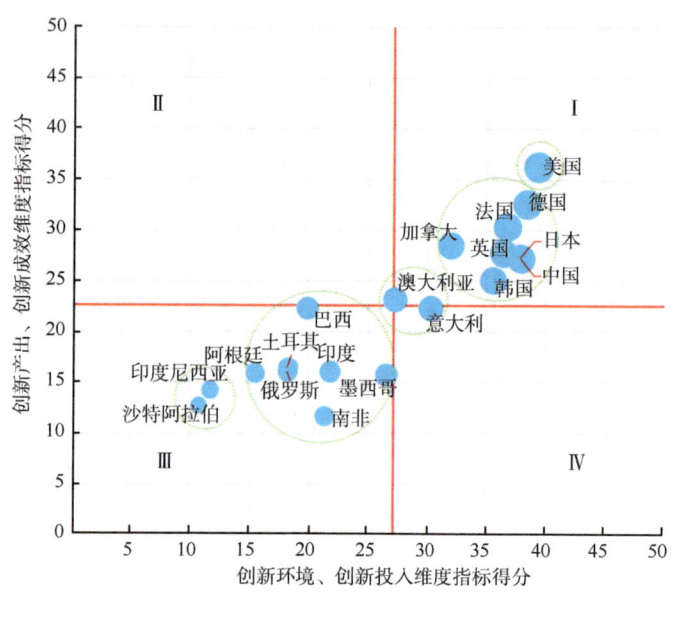

图 6-3　创新效能分布

根据创新环境、创新投入与创新产出、创新成效维度指标的分布特征，可以把 G20 国家分为五种创新类型国家。

（1）创新效能引领国。美国在创新环境的营造，创新资金、人力、基础设施的投入及创新产出规模、质量上领先优势明显，其总得分在 75 分以上，创新产出、创新成效均居第一，为 ETII 第一方阵国家。

（2）创新效能先进国。德国、法国、中国、日本、英国、加拿大、韩国等国家正在加速推进能源科技创新步伐，具有良好的创新环境和创新投入水平，同时，具有较好的产出规模、质量和创新成效，其总得分在 60～75 分，为 ETII 第二方阵国家。

（3）创新效能成长国。澳大利亚、意大利在创新环境、创新投入上的表现明显优于 G20 国家平均分，而在创新产出、创新成效上的表现明显低于 G20 国家平均分，能源科技创新所需的政策、监管、研发、转型发展等环境营造及资金、人力、基础设施的"人、财、物"投入等创新要素加快集聚，而投入产出效能尚未显现。其总得分在 50～60 分，为 ETII 第三方阵国家。

（4）创新效能潜力国。墨西哥、巴西、印度、俄罗斯、土耳其、南非、阿根廷等国家表现出良好的创新成长空间，通过能源转型发展有可能成为新的创新驱动发展国家。其总得分在 30～50 分，为 ETII 第四方阵国家。

（5）创新效能滞后国。印度尼西亚、沙特阿拉伯正逐步优化能源科技创新布局，创新环境营造相对较差、创新投入相对较弱，创新产出及产出效能较低，整体创新水平有待提高。其总得分低于 30 分，为 ETII 第五方阵国家。

6.2　竞争力提升对标分析

选取能源科技创新指数排名前列的美国、德国、法国、日本等国家，总结归纳其经验，为提升我国能源科技竞争力提供借鉴。

6.2.1　美国经验

美国是全球能源革命与技术创新的领导者，历届政府重视国家能源战略的制定与实施，推动能源独立转向能源主导，以谋求世界能源霸主地位。美国属于第一方阵的创新效能引领国，在创新环境、创新产出、创新成效等维度上均领先于中国。主要表现在以下几个方面。

（1）美国能源创新政策体系成熟，有着良好的政策环境。2021 年，新上台政府一改应对气候问题的消极政策，制定了《迈向 2050 年净零排放长期战略》，旨在加速清洁能源技术创新，重夺全球气候治理主导权。此外，美国重视能源科技研发能力建设，能源部下辖的 17 个国家实验室组成了能源领域的国家战略科技力量，并持续推进改革措施提高创新效能。

（2）美国注重能源基础研究和清洁能源技术创新，研发资金投入主要聚焦清洁能源技术领域，且重视能源基础研究投入。

（3）美国技术产出和产业培育成效显著，美国能源领域五方专利和 PCT 专利产出数量较多，零碳氢能和核能产业规模化发展，被视为全球最具吸引力的可再生能源投资国家。

（4）美国能源系统更加清洁安全高效，是全球最大的生物燃料生产和消费国，空气治理质量较好，且已成为能源净出口国；同时，美国已逐步迈向经济发展与能源增长脱钩阶段，能源经济产出效益较高。

6.2.2 德国经验

德国不仅将可再生能源作为未来实现工业强国的主导能源，而且凭借其先进的工业体系、高水平的技术创新能力、灵活的市场机制，正推动单一能源技术研发逐步转向能源系统集成和领域耦合，形成了高效、清洁、低碳的能源科技创新格局。德国处于能源科技创新第二方阵，仅次于美国，为创新效能先进国，在创新环境、创新投入、创新产出、创新成效各项维度的表现比较均衡，均处在靠前位置。具体表现如下。

（1）德国强化应对气候变化政策框架建设，加速推动绿色转型。将净零目标提前至 2045 年，争当欧洲能源与气候治理领导者，坚持退核（2022年）、提前退煤（2030 年），政府副总理执掌改组成立经济事务和气候保护部，统筹碳中和目标下的经济与能源转型。同时，德国建立了较为齐全的能源法律体系，出台修订《可再生能源法》《能源工业法》《能源转型数字化法》《综合能源法》等，以保障其能源政策和国家战略的有效实施。

（2）德国注重清洁能源研发和人力投入，能源研发资金投入主要聚焦清洁能源技术，并大力推动可再生能源从业人员队伍发展。

（3）德国保持高强度的科技论文和专利产出，2011～2020 年单位 GDP

和人均能源科技论文产出保持较高活力，且重视能源技术专利布局。此外，德国电动汽车市场份额提升显著，由 2019 年的 3%增长至 2020 年的 13.54%。

（4）德国重视可再生能源供应和消费，生物燃料占比不断提升，空气质量改善和碳排放治理效果显著，且能源的经济产出效益居 G20 国家首位，并保持较低的电损率。

6.2.3　法国经验

法国在能源领域的技术优势显著，能源结构正从核电一枝独秀向以核电为主，同时注重可再生能源发展的体系转变，有效带动了可再生能源开发和利用。法国 ETII 评价结果仅次于美国、德国，各创新维度指标均表现良好，其中，创新环境、创新成效维度指标领先于中国。具体表现如下。

（1）法国致力于打造能源与生态强国，《能源与气候法》将 2050 年实现碳中和写入了法律，设定了未来能源和气候政策框架与目标。整体能源政策基于《绿色增长能源转型法》框架制定，现已发布第一次、第二次"能源多年期计划"，以建立核电与可再生能源并重的更高效、更具弹性的能源系统，并通过第四期"未来投资计划"支持能源技术创新。

（2）法国积极寻求新能源技术替代以降低核电比例，重视对能源技术创新的研发投入。由于其丰富的风力资源，在风能领域人力投入力度较大。

（3）法国一直保持较高的清洁能源占比，约 90%的电力来自低碳能源，核电占比超过 70%，且生物燃料也占据一定的比例。同时，法国是 G20 国家能源碳强度治理最有效的国家，能源的经济产出效益及电力装机利用率保持较高水平。

6.2.4　日本经验

日本将能源科技创新能力视为能源安全保障、能源稳定供给、实现脱碳化目标、提高产业竞争力的核心要素，拥有全球最优的能源技术创新产出和研发环境。同时，日本还加大人力、资金、基础设施投入，完善相关政策，营造了良好的清洁发展环境，以构建更加高效的能源科技创新体系。日本能源科技创新指数得分与中国基本相当，其中，创新环境、创新产出 2 个维度指标表现更好。

（1）日本能源法律和监管体系比较完备，形成以《能源政策基本法》为核心，包括诸多单行法律及配套法规的金字塔体系结构。在此基础上，日本出台了六期《基本能源计划》，形成"3E+S"（能源安全、经济效率、环境保护、安全性）的能源政策原则。为积极应对国际能源形势错综复杂的新情况，日本出台"2050 碳中和绿色增长战略"，绘制碳中和中长期路线图，打造绿色增长新引擎，并写入《全球变暖对策推进法修正案》。

（2）日本保持着最高强度的能源研发经费投入，且重视清洁能源技术创新，可再生能源人力投入主要集中在太阳能领域。同时，日本在氢能基础设施建设上成效显著。

（3）日本是全球能源领域专利布局的领导者，2008～2017 年五方专利及 PCT 专利均处于全球首位。

（4）日本能源资源极其匮乏，煤炭、石油、天然气等主要能源基本依赖进口，一直推行由政府主导的能源转型，多次调整节能、低碳等国家能源政策和战略，供应结构趋于多样化，保持着高效的经济产出效益和较低的输配电损耗。

6.3 对中国的启示

对标美国、德国、法国、日本等能源科技强国，其四个共性特点对我国能源强国建设具有启示意义。

（1）重视顶层设计符合国情的能源政策创新环境，破除体制机制壁垒。实施强有力的国家能源转型战略规划和政策行动，不断调整完善能源政策框架、管理体制、监管体系，为能源科技创新活动提供完备的研发资助机制和设立建制化科技力量，出台政策激励措施营造良好的清洁发展环境。

（2）保持长期稳定、高水平的人财物创新投入，为能源科技创新提供坚实保障。保持较高的清洁能源技术研发经费投入总额和强度，加强建设一支结构合理、素质优良的能源科技创新人才队伍，提早布局、投入建设新型电力系统设施、规模储能与氢能设施、新能源交通设施等新基建。

（3）推动涌现规模化、高质量创新产出，推动绿色低碳新兴产业发展壮大。打造规模化高效率的知识创造与传播能力，高度重视知识产权的保护和在全球范围的布局，有力推动可再生能源、氢能、电动汽车等清洁能源产业培育和迅速扩张。

（4）建设现代能源体系，展现创新成效，创造良好的经济社会效益。降低能源强度和碳强度，促进电力结构迈向低碳化或去碳化，扩大能源和电力供应多元化，改善能源安全韧性，提高能源利用效率，使能源消费逐步与经济增长"脱钩"。

第 7 章　能源科技发展目标与技术框架

7.1　能源强国目标下能源科技发展目标

遵照全面建设社会主义现代化国家及其"两步走"战略安排，聚焦能源强国、"碳达峰、碳中和"目标要求，充分发挥能源科技创新引领作用，推进先进能源科技研发突破，能源产业高质量发展，支撑安全绿色、高效经济、保障有力、国际领先的能源体系建设，不断增强国际影响力和话语权。

1. 2022 年到 2035 年

（1）建成中国特色的高水平能源科技创新体系，支撑我国基本建成能源强国。在关键领域建成一批使命清晰、定位明确、能力卓越、机制完善的战略科技力量，支撑能源强国作用得到显著发挥。

（2）关键核心技术取得重大突破。在化石能源高效清洁利用、可再生能源、先进核能、储能、氢能与工业流程再造等方面突破一批关键核心技术，并推动一批关键核心技术在典型区域、重点行业集成示范，形成适用全国不同区域、不同行业绿色低碳发展系统方案；超前探索一批支撑碳中和目标的颠覆性、变革性技术，为颠覆性、变革性技术的产业化应用奠定基础，推动能源产业链、供应链实现全链条自主安全，能源国际科技竞争力和影响力显著提升。

（3）节能降碳目标。充分保障国家发展的能源合理需求，初步建立清洁低碳安全高效的能源体系，重点耗能行业能源利用效率达到国际先进水平，支撑国家单位 GDP 能耗大幅下降，促进二氧化碳排放量达峰后下降。

2. 2036 年到 2050 年

（1）全面建成能源科技强国，科技成为能源发展的主导因素，能源科技竞争力处于全球前列，能源领域拥有一批世界一流的科研机构、创新型企业，涌现出一批重大原创性科学成果和国际顶尖水平的科学大师，创新制度环境、市场环境更加优化，支撑建成能源强国。

（2）关键核心技术持续突破，基本建立清洁低碳安全高效的现代能源体系，能效水平、能源科技、能源装备达到国际领先水平，部分颠覆性技术进入产业化前期。

（3）节能降碳目标。完全保障我国现代化强国建设的能源需求，支撑能源结构绿色低碳转型，非化石能源消费占比达到 48% 左右。

3. 2051 年到 2060 年

创新体系持续优化，持续支撑引领能源体系零碳负碳变革，在国际能源科技竞争中持续引领。绿色低碳循环发展的经济体系和清洁低碳安全高效的能源体系全面建立；颠覆性技术持续高水平发力，助推实现碳消纳量超过碳排放量。能源利用效率达到国际先进水平，在保障能源安全供应的基础上，非化石能源成为能源消费的主体，生态文明建设取得丰硕成果，开创人与自然和谐共生新境界。

7.2　多能融合能源科技体系

长期以来，在我国能源体系中，如煤炭、石油、天然气、水电、核电、电网等基于各自的管理体系形成了相对独立的分系统。在能源发展基础较弱的背景下，各分系统相对独立运行能够保障各系统运行的专业性，从能源供应端保障了能源供应。但随着我国发展进入新阶段，能源发展也进入了新时代，能源需求及能源的生态环境外部效应对能源供应系统提出了更高要求，能源各分系统的独立优化运行已经难以满足经济社会发展对能源系统"清洁低碳、安全高效"的整体要求，需要对能源系统进行变革，推进能源革命。

理论上，从能源需求的角度，各能源系统提供的能源服务比较一致，无外乎电力、热力、动力和化学品。既然能源服务的目标相同，从系统的角度就存在"合并同类项"的优化空间，通过各能源分系统相对优势的互补融合，对冲消除各种能源劣势、形成整体优势具有巨大的技术创新空间。但实际上，煤油气和风光水核等各分系统相对独立，存在系统壁垒，难以合并"同类项"，导致能源系统结构性矛盾突出，整体效率不高，这已经成为制约我国能源高质量发展的核心问题。

能源系统条块割裂的原因除了管理体系、政策体系的历史沿革外，更为根本的原因在于缺乏能联系不同能源种类、打破系统壁垒、促进能源系统统一、多能互补融合的关键技术，因此，必须将能源技术革命放在能源革命的核心位置，以能源技术革命推动能源革命。以中国科学院为代表的科研机构经过多年研究，针对现有能源系统中系统割裂的问题，提出通过技术创新实现多种能源之间互补融合的"多能融合"理念，布局并发展了一批多能融合技术。

7.2.1 多能融合的内涵

能源、材料和信息是现代社会发展的三大支柱。多能融合是指综合考虑能源资源在加工利用过程中的能源属性和物质（原料/材料）属性，通过新技术、新模式破除各能源种类之间条块分割、互相独立的技术和体制壁垒，促进化石能源与非化石能源之间、各能源子系统之间、各能源资源加工利用不同过程之间的能量流、物质流和信息流的集成融合，实现能源资源利用的能量效率、物质效率、环境效益、生态效益、经济效益和社会效益等多目标的优化。

多能融合技术是实现多能融合理念的根本。多能融合技术是指在能源资源加工利用过程中涉及的原料产品、反应过程、工程过程、系统集成等多层次、多尺度范畴中充分利用各种能源自身的相对优势，对冲消除各类能源劣势，实现能源与物质的跨系统、能源系统内跨类型的融合，达到提升能源资源综合利用效率、缓解能源和原料（材料）供需矛盾、降低能源利用的环境影响等多目标优化要求的先进技术。

7.2.2　多能融合技术框架

基于多能融合理念，提出适合我国国情的多能融合技术"四主线、四平台"体系，具体见图 7-1。四主线一是化石能源清洁高效开发利用与耦合替代，以保障能源安全为目标，重在化石能源绿色低碳转型技术；二是可再生能源多能互补与规模应用，重在新型电力系统构建的理论与技术；三是工业低碳零碳流程再造，以高耗能行业低碳、零碳、负碳发展为目标，重在工业过程变革前沿技术；四是数字化智能化集成优化，重在系统集成与优化技术。四平台是合成气/甲醇平台、储能平台、氢能平台、二氧化碳平台。

四平台是支撑各主线内、各主线间不同能源多能融合的关键技术平台。合成气/甲醇平台是煤炭实现生产多种清洁燃料和基础化工原料的技术平台，这也给石油化工和煤化工耦合替代、协调发展带来了新的机遇。储能平台能平抑大规模新能源发电接入电网带来的波动性，有效促进电力系统运行的电源和负荷的平衡，提高电网运行的安全性、经济性和灵活性，是新型电力系统转型升级的必要技术。氢能平台将充分发挥氢能的物质和能量双重属性，促进能源系统中化石能源与非化石能源、能量和物质系统的互补融合。二氧化碳平台将推动二氧化碳资源化利用，实现能源系统碳资源循环利用。"四主线、四平台"构成多能融合技术体系的四梁八柱，有望为双碳目标下我国能源技术的系统研发提供引导。

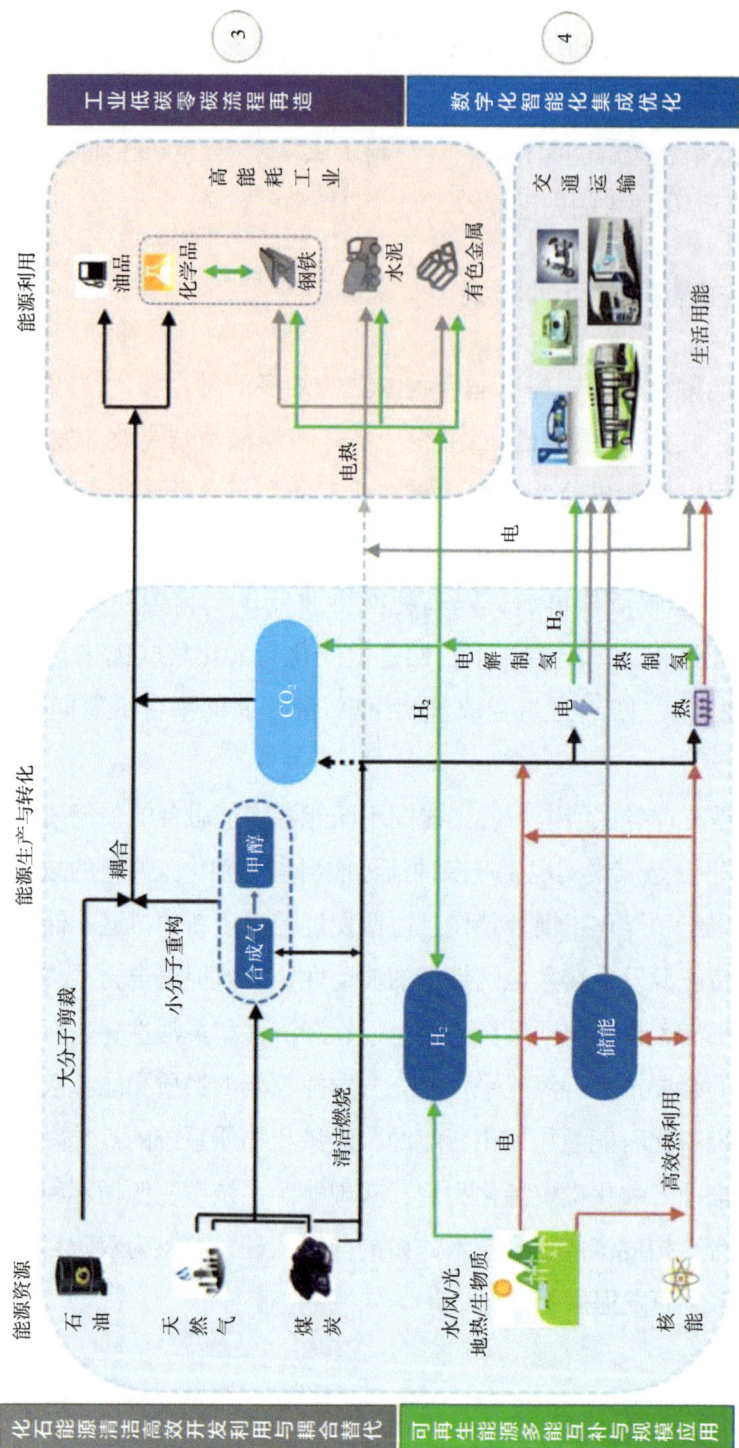

图7-1 "四主线、四平台"的多能融合技术体系

7.3　化石能源绿色低碳转型之要在清洁高效利用

国家能源安全保障是能源强国的底线要求。以高质量发展为目标，必须首先用好化石资源特别是煤炭资源，推进煤炭绿色低碳转型，发挥好煤炭的压舱石作用。

1. 煤炭绿色低碳开采

旨在尽可能减轻煤炭开采对环境和其他资源的不良影响，关键技术包括无煤柱连续开采、保水开采、煤气共采、井下采选充一体化技术及装备、绿色结构充填控制岩层沉陷关键技术等。

2. 煤炭绿色低碳利用

主要从煤炭清洁高效燃烧和煤炭高效低碳转化两方面开展。在煤炭燃烧方面，我国燃煤发电的能效指标、污染物排放指标均已达到世界先进水平，但工业领域煤炭清洁高效燃烧利用的科技支撑不足。持续推进煤炭清洁高效发电和灵活高效发电，提高电力系统对清洁电力的接纳能力和工业锅炉（窑炉）高效燃烧与多污染物协同治理是煤炭燃烧技术发展的方向，重点技术包括先进高参数超超临界燃煤发电技术、高效超低排放循环流化床锅炉技术、整体煤气化联合循环（integrated gasification combined cycle，IGCC）发电系统及整体煤气化燃料电池（integrated gasification fuel cell，IGFC）发电系统集成优化技术、燃煤锅炉灵活调峰技术、煤粉锅炉低负荷稳燃技术、基于储放热的高效灵活电热双供关键技术等。

在煤炭转化方面，我国以现代煤化工为代表的转化技术与产业化均走在了世界前列，攻克了煤气化、煤制油、煤制烯烃等一大批技术和工程难题，支撑了现代煤化工的快速发展。这既可以保障石化产业安全，促进石化原料多元化，还可以形成煤化工与石油化工产业互补、协调发展的新格局。2021年 9 月，习近平在陕西省榆林市考察时指出，"煤化工产业潜力巨大、大有前途，要提高煤炭作为化工原料的综合利用效能，促进煤化工产业高端化、多元化、低碳化发展，把加强科技创新作为最紧迫任务，加快关键核心技术攻关，积极发展煤基特种燃料、煤基生物可降解材料等"①，进一步明确了现代煤化工发展的定位和方向。重点技术方向包括煤炭分级分质转化、煤制燃料和煤制化学品，重点技术包括低阶煤分质利用关键技术、煤制油工艺升级及产品高值化技术、新一代煤制烯烃技术、煤制芳烃技术、煤基生物可降解材料技术等。

7.4 工业绿色低碳转型之要在低碳零碳流程再造

能源革命与工业革命历来交织发展，共同作用促进社会经济结构变革，系统化的能源结构和工业结构调整，需要多种能源互相耦合共同发力，需要众多关键技术的突破和系统化的技术支撑。工业部门是能源消费和二氧化碳排放大户，2020 年其二氧化碳排放占全国二氧化碳总排放量的 39%，主要包括钢铁、建材、化工、有色等领域。要实现这些领域的绿色低碳转型，就必须对现有的工业流程进行低碳零碳再造。首先，通过深度电气化，利用非化石能源发电实现生产过程深度脱碳；其次，对于难以电气化的工业流程，需借助氢能、合成气/甲醇、二氧化碳等平台，通过技术突破和行业间的协调、融合实现低碳零碳流程再造，促进化石能源和二氧化碳的资源化利用，实现行业低碳零碳工艺革新。

以绿氢与煤化工融合为例，如果在煤气化过程中补入绿氢，可实现煤制烯烃过程中的碳减排近 70%；如果补入过量的绿氢，则可引入二氧化碳作为部分碳源，实现全过程的负碳排放。以钢铁与煤化工融合为例，如果利用钢铁尾气中含有的合成气生产乙醇，初步估算，全国钢厂 25%的剩余尾气约可制 1000 万吨乙醇，减少二氧化碳排放近 2000 万吨。以绿氢与钢铁融合为

---

① 《习近平在陕西榆林考察时强调 解放思想改革创新再接再厉 谱写陕西高质量发展新篇章》，http://politics. people.com.cn/n1/2021/0915/c1024-32227908.html[2021-09-15]。

例，以氢气代替煤炭来还原铁矿石（氢冶金），二氧化碳排放可降至传统工艺的 20%。以水泥和化工融合为例，水泥行业的碳排放主要是由水泥生产过程中的原料碳酸钙分解产生的，该过程产生的碳排放占水泥行业总排放的60%左右，这部分"不得不排放"的二氧化碳无法通过燃料替代实现减排。但如果以氢为介质与化工过程耦合，可将二氧化碳转化为甲醇等，实现二氧化碳的资源化利用。此外，从多能融合的理念出发，在甲烷等气氛下进行熟料焙烧，可使碳酸钙与甲烷反应生成一氧化碳和氢气，再作为原料制备化学品，从而实现水泥的低碳、经济发展。

7.5　非化石能源规模化应用之要在新型电力系统

实现双碳目标必须逐步改变我国以煤为主的能源结构，大力发展可再生能源和安全先进核能，建立新型电力系统，实现非化石能源的多能互补和规模应用。

可再生能源的高比例、大规模利用将会对现有能源体系产生巨大冲击。风能、太阳能等可再生能源存在与生俱来的能量密度低、波动性强等问题，具有随机性、间歇性和波动性等特点，近年来，风光并网消纳问题日益突出，仅靠单项技术的进步难以完全解决，需从能源系统整体角度加以考虑。因此，可再生能源的大规模应用必须构建以风、光资源作为发电和供能的主力资源，以核电、水电和其他综合互补的非化石能源作为"稳定电源"，以少量的火电作为应急电源或者调节电源的新型电力系统，推进多种可再生能源的系统融合，重点技术包括可再生能源功率预测技术、"双高型"电力系统的稳定机理与控制技术、高比例再生能源的惯性增强和主动构网技术、新型透明电力系统数字化技术、电力系统灵活调节技术、智能电网技术等。

电力系统灵活调节技术可有效平抑大规模可再生能源发电接入电网带来的波动性，促进电力系统运行的电源和负荷的平衡，提高电网运行的安全性、经济性和灵活性，是新型电力系统发展的重要基础。根据已有研究，电力系统灵活调节技术包括火电机组灵活改造技术、车联网（vehicle to grid,

V2G）技术、电的多种转化（power to X，P2X）技术、抽水蓄能和可调节性水电技术、多种新型电力储能技术和储热技术。2021 年，《国家发展改革委国家能源局关于加快推动新型储能发展的指导意见》提出，到 2025 年，新型储能技术装机规模达到 3000 万千瓦以上，到 2030 年，实现新型储能全面市场化发展。除上述技术外，氢能也是一种广义上的储能方式，利用可再生能源、高温核能等制取的绿氢，可以实现电力的长时存储，并推进可再生能源向物质的无碳转化。氢作为能源的载体，可为能源的储运用等问题提供一系列新的解决方案，如绿氢制甲醇、绿氢制合成氨等。

智能电网技术将充分发挥电网优化能源资源配置的枢纽平台作用，统筹推进源网荷储协调发展，提高电网接纳新能源和多元化负荷的承载力与灵活性，重点攻关新能源发电并网及主动支撑、多能互补集成与智能优化、智慧城市高品质供电提升、电动汽车有序充放电控制等关键技术，实现电、热、冷、储、氢等多能流优化运行及智慧运维，带动可再生能源制氢、电制热/冷、新型储能、电动汽车充放电等灵活性负荷技术研发、装备研制和产业化应用，全面提升能源综合利用效率和用能负荷灵活调节能力。

7.6　能源系统效率提升之要在数字化智能化集成

数字化、人工智能等技术的快速发展，将与第四次能源革命、工业革命和科技革命相叠加，推动社会的快速变革和发展。数字化智能化能源系统的构建，将云计算、人工智能、5G 等新一代数字化、智能化技术与现代能源体系的构建相融合，加速推进"能量流与信息流的融合"，实现系统优化，推动以绿色、数字化、高质量为核心的能源领域创新发展，重点技术包括智能感知、智能连接、智慧平台构建和智慧应用等基础共性数字技术；煤矿数字化智能化技术、火电厂数字化智能化技术、风电机组与风电场数字化智能调控技术、光伏发电数字化智能化技术等数字化、智能化技术与能源行业融合升级技术；区域综合能源系统智能调控技术、多元用户友好智能供需互动技术等综合能源系统集成技术。

7.7　能源国际科技竞争力提升之要在颠覆性技术突破

颠覆性技术对产业格局的冲击力更强、破坏性更大，有可能在短时间内彻底改变行业格局。例如，通过页岩革命，2006~2010 年，美国页岩气产量暴涨 20 倍，并在 2009 年成为世界第一大天然气生产大国。页岩气产量地位的变化，使美国的天然气供应从高度依赖海外进口转变为全面的自给自足，成为一个天然气出口国，这一变化甚至在很大程度上改写了世界的政治格局——美国正在逐步掌握全球能源的定价权和主导权。

面向能源强国和"碳达峰、碳中和"目标，仅依靠现有技术无法实现这一宏伟愿景，将依赖颠覆性技术的出现、成熟和推广应用。展望未来，一批具有重大产业变革前景的颠覆性技术将对新时代世界能源格局和经济发展产生颠覆性影响：碳基能源高效催化转化技术的突破将实现低耗水、低排放和高碳原子利用率的碳基资源转化与循环利用，变革低效高污染的传统能源和化工产业；天然气水合物是未来全球能源发展的战略制高点，率先实现商业化开采的国家将在未来的国际能源市场中占据战略性地位；可控核聚变技术被认为是满足人类能源需求的最终解决方案，一旦实现商用，将彻底颠覆能源科技、经济、社会和生态格局；太阳能高效转化利用、氢能与燃料电池、高能电化学储能等新能源和可再生能源颠覆性技术的发展，将打破化石能源旧有格局，推动新一轮能源革命跨越式发展。

本节基于我国能源资源禀赋、能源和工业结构现状及推进能源革命的顶层设计要求，考虑到技术发展近中远期的不同影响，遴选出具有较高颠覆性潜力的技术方向。

1. 化石能源开采领域

天然气水合物是未来全球能源发展的战略制高点，具有分布范围广、储量规模大、能量密度高、燃烧热值高及清洁环保等特点，实现其开发利用将对能源革命产生重要而深远的影响，率先实现商业化开采的国家将在未来的国际能源市场中占据战略性地位。颠覆性技术方向包括煤炭无公害高效智能化开采技术，如生态保护的 110/N00 工法、地下煤气化技术、先进采煤工法创造二氧化碳地下封存空间技术；非常规油气勘探开采技术，如天然气水合物开发利用技术。

2. 化石能源高效转化领域

当前，以煤炭、石油、天然气为代表的碳基能源在世界和我国能源消费结构中占据绝对主导地位。在可预见的未来，碳基能源高效转化利用仍将是我国的重大战略需求，但重心将逐渐转变为弱化煤油气的能源属性，强化其资源属性。为此，高效催化转化颠覆性技术能突破导致大量资源浪费和污染物排放的传统能源转化利用模式，实现低耗水、低碳排放和高碳原子利用率的碳基资源转化与循环利用，实现碳基能源和化工产业革命。颠覆性技术方向包括新型煤炭利用技术，如超临界水蒸煤技术、富油煤开发技术；新型化石能源催化转化技术，如合成气直接转化技术、甲烷直接活化与定向转化技术、二氧化碳还原转化技术。

3. 核能领域

可控核聚变是满足人类能源需求的最终解决方案，具备资源无限、清洁无污染、安全高效等特点，一旦实现商用，将彻底颠覆能源科技、经济、社会和生态格局。国务院在绿色低碳科技创新行动重点任务中专门提出了"加强可控核聚变等前沿颠覆性技术研究"[1]。由于技术难度极高，全球可控核聚变目前仍处于基础研究和建设大型实验装置阶段。颠覆性技术方向包括先进核裂变技术，如地下中子能技术；可控核聚变技术，如磁约束核聚变技术、惯性约束核聚变技术。

4. 新能源领域

太阳能是地球上最丰富的能量来源，具有分布广泛、无地域限制、资源

---

[1] http://www.gov.cn/zhengce/content/2021-10/26/content_5644984.htm[2021-10-26]。

丰富及无污染等优点。如何实现太阳能到电能/化学能/热能的高效低成本转化利用是当前重大研究热点和前沿，有潜力颠覆电力、交通、化工、建筑等多个行业。氢能与燃料电池是全球能源、交通系统转型发展的重要方向，被公认为未来技术、产业竞争新的制高点之一。《"十三五"国家科技创新规划》已明确将氢能、燃料电池列为引领产业变革的颠覆性技术之一。颠覆性技术方向包括高效稳定的钙钛矿太阳能电池技术、热光伏技术、人工光合成技术、绿色制氢技术、高效储氢技术、先进燃料电池技术。

5. 储能领域

高能电化学储能技术是实现电力、交通、工业用能变革的关键使能技术，是现代能源体系和新型电力系统的关键构成单元，将创造众多新产业新业态，形成巨大的社会经济效益和环境效益。颠覆性技术方向包括全固态锂电池技术、金属–空气电池技术、大容量超级电容器技术、钠离子电池等新概念化学电池技术。

6. 能源系统领域

现代能源体系将从追求单一能源品种的利用向开发多种能源协同互补的综合能源系统转变，在当前碳中和背景下，发展跨系统耦合集成与优化技术成为实现我国"碳达峰、碳中和"目标及能源领域高质量发展的重要途径和必然选择。颠覆性技术方向有多能融合综合能源系统技术，如氢电耦合技术、氢与工业过程耦合技术等。

第8章　提升能源科技竞争力的路径建议

8.1　统筹谋划能源科技发展战略

能源体系跨系统、跨领域特征明显，而当前系统割裂，制约了能源系统整体优化。建议进一步提升国家能源体系管理与能源科技决策的层级，打破系统割裂现状，站在全国"一盘棋"的角度，系统制定能源科技发展战略。国家发展和改革委员会、科学技术部、国家能源局等相关部门可充分依托中国科学院、中国工程院、各行业协会、科技领军企业等国家高端智库，研判国内国际能源科技发展趋势，立足国情，长远规划，加强能源体系顶层设计，跨领域、系统化制定能源科技发展战略和发展路线图，远近结合，谋划重点领域关键核心技术的发展路线和政策框架。

建议近期重点加速煤炭清洁高效转化技术攻关，突破合成气一步法转化制高值化学品、煤制芳烃、煤炭分级分质高效利用关键技术，实现化石能源清洁高效开发利用与耦合替代；加速发展大规模储能技术和现代电网智能调控技术，解决大规模新能源和分布式发电并网消纳问题，推动清洁能源多能互补与规模应用。中远期加快突破实现煤炭减量发展的关键技术，加快发展新能源电力制氢，打造氢/低碳醇的生产、储运和难减碳行业低碳零碳流程优化的技术创新链；强化技术原始创新，部署前沿性技术，如先进核能、光电催化制氢、跨系统耦合集成与优化、大规模低成本 CCUS 等技术的研发与突破，提供深度减碳的关键技术支撑，实现新能源系统与化石能源系统的低碳融合，稳步推进能源技术革命。

8.2　完善国家科技创新协同攻关机制

国家战略科技力量是体现国家意志、服务国家需求、代表国家水平的科技中坚力量，是长期驱动能源技术创新的核心力量。建议统筹国内能源领域顶尖科研院所、一流高校、科技领军企业等战略力量，在化石能源清洁高效开发利用、可再生能源大规模开发利用、安全先进核能、多能互补融合关键技术等战略必争领域，建设一批有全球影响力的科技创新集群，加强部门、机构、地方统筹协调和科研资源开放共享，推动大科学计划、大科学工程、重大科技基础设施、大科学中心、基地平台等创新平台共建共享，重大项目、重要基地、人才计划、专项资金等协同配置。探索研发—孵化—中试—产业化融合的科技创新创业新机制，打造集人才培养、技术研发、中试试验、产业化示范于一体的示范区科技创新格局，贯通科技创新与产业发展通道，促进大规模、系统性的能源技术示范落地。促进"国家队"同其他各类科研机构、大学、创新企业形成功能互补、良性互动的协同创新格局，释放所有科技力量的创新活力。

8.3　注重交叉学科背景人才培育与激励

建设能源强国，加强自主创新，提升关键核心技术突破与科技原创能力，必须打造服务国家战略需求、勇于承担国家使命、敢于攻坚克难的高水平、高素质科研创新队伍，深化高质量人才培养激励机制，加快推进科技创新引领跃升，全面提升科研核心竞争实力。

建议紧密结合能源革命战略需求，依托国家重大科技任务和创新平台的任务布局，加快培养具有交叉学科背景的战略科学家和科技领军人才，赋予领衔科学家更大创新自主权，开展原创性、引领性、颠覆性的科技创新。加大基础研究支持力度，加强原始创新人才和青年人才的培养与资助，鼓励优秀青年人才在重大科技创新中攻坚历练。创新科教融合、产学研结合的人才培养模式，培养科技创新生力军，培养完备的人才梯次结构。健全符合科研规律的科技管理体制和政策体系，建立适宜的评价与激励机制，激发人才创新活力，构建有利于科研人才成长的良好创新环境，支持鼓励科技人才踊跃投身原始创新和科技攻关。

8.4 完善科技创新长周期评价机制

能源技术革命具有多学科、跨领域、长期性等特点，要遵循科研渐进性和成果阶段性的规律，加强对科技创新长周期管理与评价。构建新型创新体系要长期跟踪国际、国内以多能融合为特征的新一轮能源技术发展趋势，科学制定并动态调整科技创新战略；对基础原创研究、核心技术突破及前沿技术创新等重点领域，要加强科研力量和资源要素的持续投入，保障科技创新成果持续产出。创新成果评价方式，加强科技创新过程中长期评价、后评价与成果回溯评估，创造良好科研创新生态。建立技术转化系统长周期评价机制和长效监管机制，加强多能融合技术体系示范过程的技术专项评价、区域能源示范及国家新型能源体系构建等不同发展维度的评估，及时总结跨领域示范的成功经验，结合区域资源特征加强战略研究布局调整，实现多能融合技术体系与区域能源资源条件匹配应用，促进形成优势技术持续更迭和产业化经验有效复制的良性循环。

8.5 探索颠覆性技术创新管理机制

颠覆性技术创新是实现先发优势和战略地位领先的重要力量，能源领域更需要颠覆性技术加快推动新一轮能源革命，未来在油气、氢能、储能、核聚变等方面都可能出现颠覆性新技术，如可控核聚变将使人类用能发生根本变革，一旦实现该项颠覆性技术突破，意味着世界能源供需格局和经济格局将彻底重构。然而，颠覆性技术创新具有特殊性和难预见性，需要突破现有科技体制约束，设立前瞻性、颠覆性技术创新专项，形成技术创新长效机制，鼓励探索科学技术"无人区"，促进"从 0 到 1"的技术突破。同时，要意识到颠覆性技术探索具有难以预料的风险，建议建立科技创新容错免责机制，营造勇于探索、潜心钻研、宽容失败的科研氛围，激发科研工作者的潜能。探索适合颠覆性技术创新项目的管理机制，不设集中申报期，随时接受申请；不限定研究领域或方向，强化颠覆性和原始性创新；灵活设置资助期限及资助强度；创新灵活的评审方式，申请人可申请非公开评审；保护原始创新思想与成果，同时，也要加强科研诚信与学风道德建设。在颠覆性项目研发初期，注重保护知识产权，鼓励社会资本关注并提早介入颠覆性技术创新，发挥资本力量，促进颠覆性技术突破和技术成果快速转化。

8.6 推动典型区域多能融合示范

构建新型能源体系是长期复杂的系统工程，在推动全社会能源结构和产业结构调整进程中，不能单靠一项技术解决所有问题。根据地域间能源资源分布的特色，选取典型区域或行业实施跨领域集成示范，统筹优化适用的先进能源技术，集中突破一批多能融合关键技术及融合模式，系统创新体制机制，以点带面促进全国新型能源体系构建及相关工业结构调整，形成"分能解决具体问题，合能实现系统优化"的能源体系创新范式。重点推动在陕西榆林、山西大同、河北张家口、甘肃武威、山东省、辽宁省、河南省等地区和青藏高原建成不同类型多能融合综合示范区，并逐步在全国有条件区域进一步推广建设。例如，在陕西榆林等能源及化工产业富集地区率先建成煤化工与石油化工、煤化工与可再生能源深度融合的多能融合能源体系，推进新能源系统集中示范，助推区域内各能源品种的清洁融合利用。结合山西"一煤独大"的单一产业结构特点及排放总量大、碳排放强度和人均碳排放量高的严峻"减碳"压力，建设"新能源+储能"试点及国家级碳基新材料研发制造基地，打造山西能源革命综合改革试点示范区。结合山东省能源消费总量位居全国第一的实际，构建以工业流程再造、可再生能源生产、工业副产氢综合利用为特色的新旧动能转换综合示范区。构建区域级现代能源体系，是探索全国范围内可复制、可推广、可持续发展的多能融合创新技术体系与发展模式的重要路径。

8.7 加强能源领域高质量国际合作

加强能源领域的国际交流与深度合作，参与全球环境治理与气候治理，将进一步提高我国在世界能源领域的影响力。吸引国际智力参与能源科技研发，通过设立能源领域国际大科学计划，创办能源重大项目国际实验室，推进实质性国际科技合作。积极参与 G20 洁净能源技术研讨峰会（Research and Development 20 for Clean Energy Technologies，RD20）等国际高端科技论坛，进一步执行《关于落实中欧能源合作的联合声明》，推进我国与先进国家在高效低成本新能源发电、先进核能、氢能、储能、节能、CCUS 等先进技术和解决方案等领域务实合作。扩大对外开放合作程度，设立对外开放的国际合作项目基金，鼓励优秀学者加入国际组织，推动多边科学计划，促进人才、智力、技术的多向流动。加强能源技术产业融合发展，设立国际合作示范区，通过政策、资金支持，引导更多外资投向国内新能源产业，吸引更多国外能源领域先进新技术到国内开展集中示范。进一步推动我国能源优势力量"走出去"，与"一带一路"共建国家加强能源科技、重大项目、设施装备等领域的深度合作。参与制定能源领域国际测算方法和通用标准，推动技术标准交流合作与中外标准互认，提升中国标准在全球范围的影响力，进一步提高我国在能源领域的国际地位。

第三篇

能源强国目标下提升能源产业链现代化水平的实现路径研究

本篇主要研究成员：张人禾、刘合、陈晓红、吴力波、潘家华、张希良、范英、姜克隽、高翔、汤维祺。

第9章　能源产业链发展现状

在能源强国目标下，能源产业链应具备五方面特征：健全高效的产供销储体系、科学灵活的能源结构、强大的技术储备与创新能力、较强的国际市场话语权及完善的能源管理体制机制。全球能源产业链在能源科技革命和低碳转型的推动下，正在经历多重变革。提升能源产业链现代化水平有助于为我国能源强国建设奠定坚实的产业基础。

9.1　能源强国与产业链现代化的内在关联

1. 提升能源产业链现代化水平是建设能源强国的基础支撑和关键抓手

能源产业链是能源产品生产、储运、销售使用全过程依据前后向投入产出关联关系，以及横向的配套协同关系形成的链条，包括从研发设计、装备制造、原料加工、中间品生产、制成品组装到流通、销售、消费、回收处置等多个环节。能源产业链是整合技术、装备、企业和人员，形成能源及相关产品满足社会需要，并产生经济价值的载体，是支撑能源系统运行的基础。能源强国建设的各项举措需要作用于能源产业链的各个环节，通过产业链的传导内化在生产过程和最终产品中。在这个过程中，产业链上下游之间、生产链与配套体系之间的协同，决定了最终的效果。

2. 能源强国的目标为能源产业链的现代化建设指明了方向

一是构建健全高效的产供销储体系；二是形成科学灵活的能源结构；三

是形成强大的技术储备与创新能力；四是具备较强的国际市场话语权；五是建立完善的能源管理体制机制。这五项标准都需要全产业链协同合作，共同推进，为能源产业链的整体发展指明方向。

3. 能源产业高质量发展为经济社会平稳运行提供重要保障

统计数据显示，我国能源产业直接贡献了 GDP 的 6%～8%，如果考虑上下游拉动作用，则对 GDP 的合计贡献近 15%[①]。能源价格稳定对总体物价水平也有重要影响。研究显示，能源价格上涨对总体物价水平有显著影响，煤炭、原油和成品油等化石能源价格上涨 10%，会导致工业生产成本上涨 0.4%～0.5%（图 9-1），按 2020 年数据计算，约合 GDP 降低 2000 亿～2500 亿元；电力价格上涨 10%，会导致居民消费成本上升 0.4%，工业生产成本上涨 1%，约合居民消费支出增加 1560 亿元，GDP 降低 4500 亿元[②]。尽管在我国大力度节能减排的推动下，能源价格对物价的影响总体已经见顶回落，但分品种看，随着天然气用量增加和原油作为工业原料的使用占比提升，它们对物价的影响近年来逐年提升。此外，煤、电和成品油价格管制的逐步放开也将导致能源价格对总体物价水平的影响进一步放大，进而冲击经济和社会的平稳运行。优化能源产业生产运行效率，降低能源成本对我国经济高质量发展起着重要的保障作用。

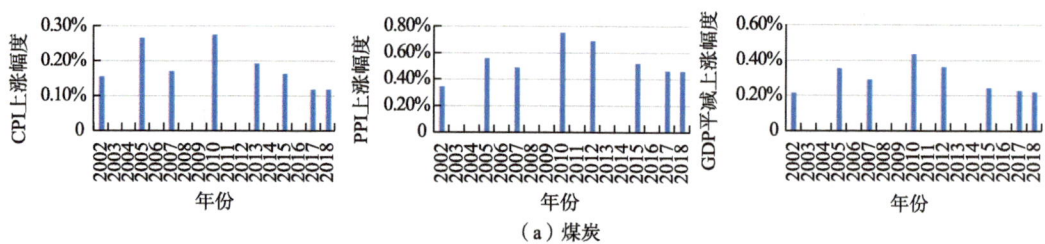

（a）煤炭

---

① 按历年投入产出表计算，能源产业包括煤炭开采和洗选、石油天然气开采、石油炼化和核燃料加工、电力热力生产、燃气生产五个行业。GDP 直接贡献按增加值占比计算。间接贡献按完全消耗系数推算。

② 利用投入产出表推算，考虑能源价格管控对价格传导的影响。林伯强，王锋. 能源价格上涨对中国一般价格水平的影响. 经济研究，2009，44（12）：66-79，150。

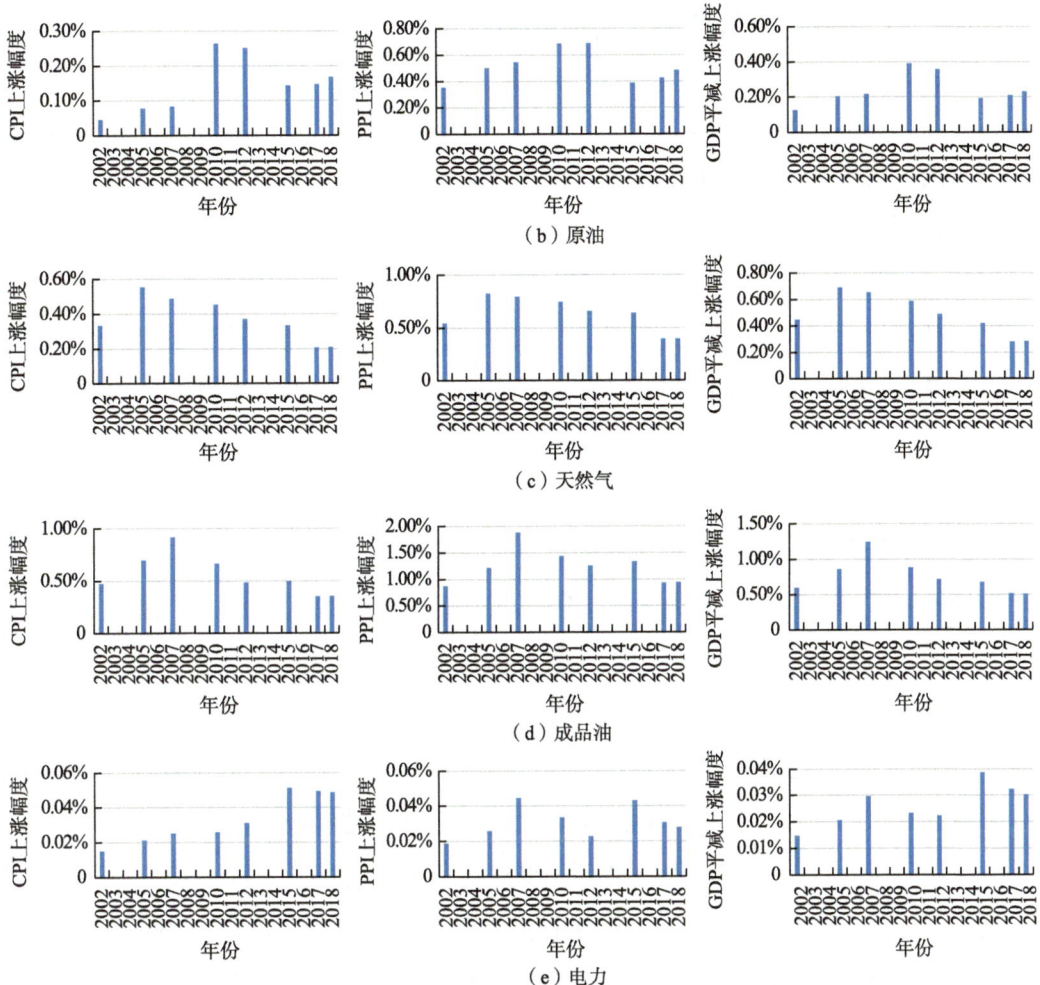

图 9-1 各品种能源价格上涨 10% 对综合物价水平的影响

9.2 全球能源产业链的运行特征与发展趋势

能源产业链包括生产链、价值链、供应链、空间链和企业链等多个维度。能源产业链特征与能源品种高度相关，全球能源产业链主要包括油气产业链、煤炭产业链、电力产业链、可再生能源产业链，以及基于多种能源协同的多能融合产业链。在能源科技革命和低碳转型的推动下，全球能源产业链正在经历多重变革。

9.2.1 全球油气产业链运行特征与演变趋势

油气产业链从生产过程看包含上游油气资源勘探与开采、中游的储运及下游的炼化和分销。从供应链看，中游储运主要以管道和海运等大宗渠道为主输送原油和天然气，而下游分销则主要依赖海陆散运渠道输送成品油及石化产品。从价值链的角度看，上游勘探开采附加值较高，产品从原油、粗加工、精加工，到产出成品油和各类石化产品，附加值逐级提升，但末端产品随品质和技术含量不同，附加值差异巨大。产业价值链总体呈现"微笑曲线"形态。

在地缘政治不确定性和交通电气化同时影响下，油气产业链推动智能化转型，提升开采效率。目前，全球石油探明储量 62%分布于中东和俄罗斯等政治敏感区；全球石油消费量的 74%需要进口，而其中近 70%需要通过霍尔木兹海峡、马六甲海峡、苏伊士运河等海运要塞，渠道高度集中，一旦出现突发情况导致断航，将会对全球石油供应造成严重冲击，供应链风险巨大。2021 年 3 月的"长赐"轮堵塞苏伊士运河、2022 年的俄乌冲突等事件，都对国际油气价格造成冲击。随着逆全球化浪潮下国际地缘政治不确定性提升，供应保障受到高度关注。但交通等领域的电气化趋势导致石油消费在全球一次能源中的占比持续下降，2020 年石油消费占比约为 31%，比 2000 年下降近 10 个百分点，削弱了石油资源的长期价值。全球石油公司 2020 年有 15 个新增的资源开采项目被国际能源署（International Energy Agency，IEA）预测为"搁浅投资"，合计价值 600 亿美元。在这样的背景下，全球油气企业普遍加大了上游勘探开采环节的数字化智能化升级的投入，以最低的成本提升资源回采效率，扩充可用的资源（图 9-2）。

油气产业链上的主要企业包括以"七姐妹"为代表的一体化全球石油公司（international oil companies，IOC）、各国政府主导的国家石油公司（national oil companies，NOC）、专门从事特定环节的专业化企业以及设备和服务配套企业。这些企业的国际竞争力和国别分布决定了一国油气产业的整体竞争力。

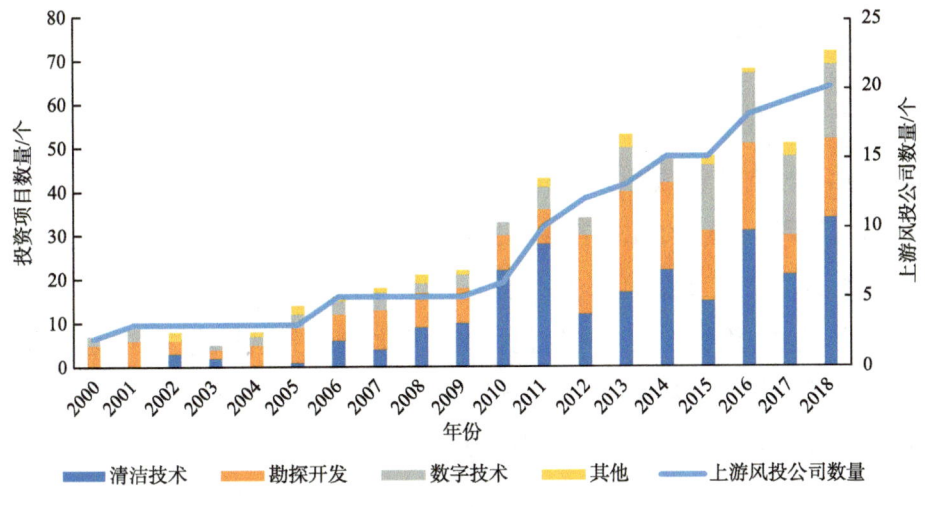

图 9-2　国际油气企业风险投资技术领域分布

资料来源：美林数据（https://www.asktempo.com/news/industry-information/581.html）

分国别看，美国的油气产业链发展成熟度领先全球，是现代化产业链的标杆。美国油气产业链上游的能源开采公司包括埃克森美孚公司、雪佛龙股份有限公司、美国康菲国际石油有限公司等；油田服务公司包括斯伦贝谢公司、哈里伯顿公司、贝克休斯公司等；下游炼化行业包括瓦莱罗能源公司、马拉松石油公司等。二次甚至三次开采技术应用普及，平均采收率达到60%～80%，远高于全球平均采收率（约 34%）。此外，美国非常规油气勘探开采技术的发展使美国石油探明储量在 2007～2014 年翻番，美国成为全球最大储量国，解决了能源对外依赖的问题。下游石油炼化加工企业在全球市场竞争力较高，2020 年成品油出口 607 亿美元，占全球成品油总贸易量的14%，位列全球第一。石化技术和工程公司包括万国油品公司、柏克德公司、福陆公司等，新材料和精细化工公司包括陶氏公司、杜邦公司、伊士曼化工、亨斯迈等，为石化产业多元化、高端化发展提供了有力支撑。此外，美国还有大量中小型创新型公司，在工程技术、管道、页岩气开发、能源输出等领域均聚集有全球顶级的公司。

9.2.2　全球煤炭产业链运行特征与演变趋势

煤炭是蕴藏量最丰富、分布最广泛的化石能源，各国煤炭产业链技术普遍较成熟，相对于油气产业链独立性较高。2020 年，全球煤炭产量 76 亿吨，而国际贸易规模约 13 亿吨，占比约 17%。我国煤炭生产和消费规模均为全球最高，比第二名印度高约 5 倍。

从生产过程看，煤炭产业链包含上游资源勘探开采与洗选，中游储运，以及下游的煤化工。从供应链看，煤炭国际贸易以干散货海运为主，内陆短距离运输则以铁路为主。由于地中海周边及中东地区资源分布较少，海运航道开阔畅通，同时贸易占比较低，因此，供应链风险远低于油气产业链。从价值链的角度看，煤炭能源使用的附加值由热值等品味决定，但投入石油化工产出气态、液态燃料及工业品后，附加值明显提升。产业链各环节附加值率差异较大，上游勘探开采环节附加值较高，加工环节按从前到后，即原煤、洗煤、粗加工、精加工、煤化工产品各环节，附加值率总体上逐级提升。价值链总体呈前低后高的"微笑曲线"形态。

煤炭产业在清洁化、智能化生产转型的要求下，正在形成"两头翘起"的价值链形态，煤炭粗放开采、洗选、直接燃烧的传统模式面临变革。在低碳转型的持续深化下，各国普遍下调煤炭在一次能源中的占比（图 9-3），加大煤炭高效利用的技术装备投入。这给煤炭产业注入了全新的动力，推动产业链向两端发展。一是上游煤炭机械装备的研发投入力度加大，国外领先企业技术优势逐渐凸显，市场占有率明显提升；二是下游高效燃煤技术和煤化工产能也较快增长。政府间气候变化专门委员会（Intergovernmental Panel on Climate Change，IPCC）报告显示，到 2035 年，化石能源仍将占据一次能源供给的 70%以上，优化传统能源使用效率实现清洁高效利用，有望为全球碳减排目标贡献 30%。此外，顺应能源结构的转变，煤化工，尤其是精加工制油、气，以及非能源化原料的产业链不断延伸，煤炭产业非能化利用占比提升。

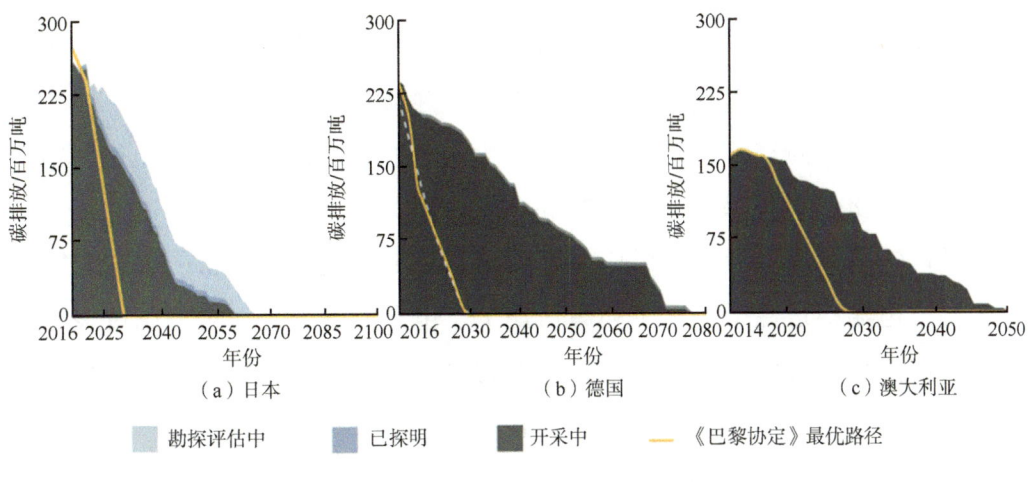

图 9-3　代表性国家煤炭退出时间表

资料来源：气候分析研究所（Climate Analytics）

　　分国别看，美国煤炭产业链发展均衡成熟，资源开采与利用效率均领先全球。2020 年，美国煤炭产量为 4.8 亿吨，较 2019 年减少了 1.56 亿吨；消耗量为 4.32 亿吨，较 2019 年减少了约 1 亿吨，均位列全球第三。产业链上游勘探开采环节技术领先，综合回采率达到 80%～90%，而相比之下，我国大型煤矿平均回采率约为 50%。较高的回采率极大地扩充了美国可利用的煤炭资源。下游煤炭清洁高效燃烧技术同样领先。美国通用电气（General Electric，GE）公司最先掌握超（超）临界燃煤技术，截至 2020 年，美国投运超临界及以上机组 170 余台，平均效率位于世界前列[①]。

9.2.3　全球电力产业链运行特征与演变趋势

　　电力供应具有很强的公共服务属性，同时电网系统与国家安全密切联系，因此，目前全球电力供应以本土化发展为主，2020 年，全球跨国输电量占总发电量的 5.7%。分国别看，中国、美国、印度、俄罗斯、日本是全球前五大电力生产和消费国。

---

① 资料来源：中国煤炭工业协会。

从生产过程看，电力产业链包含发、输、配、售、用五个环节，其中，发电和售电可引入市场竞争，而输配环节具有自然垄断属性，各国普遍以政府垄断经营为主。随着可再生能源的发展，发电端多元化、市场化运营比例不断提升；用电端综合能源服务行业也在全球快速发展。从供应链的角度看，电力供应主要由电网稳健性决定。关键的决定因素包括发电端稳定性（可再生能源占比）、电网调峰能力、电网调度灵活性及电力市场有效性等多重因素。电力价值链主要体现在各生产过程的高效性和稳健性，这也意味着装备和软件水平决定着一国电力产业链的国际竞争力。

在可再生能源高比例并网条件下，保障电网稳健安全，是电力产业面临的最大挑战。2020 年，全球可再生能源发电占比达到了 31%，美国能源信息署预测到 2050 年这一比例将超过 85%（图 9-4）。可再生能源具有波动性的特征，高比例可再生能源并网发电对电力产业发、输、配、售、用各个环节的灵活性与韧性都提出了挑战。提升智能水平、强化灵活性和弹性是电力产业链现代化发展的方向。

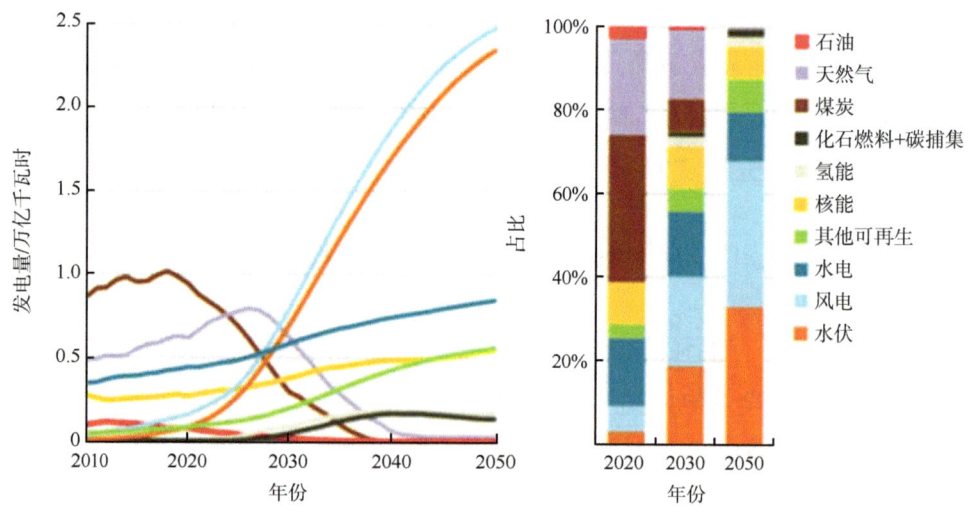

图 9-4　全球电源结构预测
资料来源：美国能源信息署《净零报告 2019》（Net Zero Keport）

受电力体制机制影响，各国电力产业的企业链形态存在较大差异。美国发电端市场化程度较高，因此，形成了庞大的私营发电企业集群，涉及核电、煤电、气电等多种电源。欧洲和日本依托强大的工业基础和科技实力以及较严格的环境标准，培育出全球领先的发电装备、电气设备企业，形成了强大的产业集群。而中国在主干电网建设方面长期重点投入，构建起全球最大、硬件水平最为领先的电网系统的同时，也培育出领先全球的电网设备产业集群。但是，在自动化控制、调度等软件和管理技术上仍存在较明显的短板。

分国别看，德国在可再生能源和电力产业链的发展，以及两者的协同方面均领先全球，科技装备国际竞争力强，产业链现代化程度高。2020年，德国非水可再生能源发电占比 37%，远高于全球平均水平（11%），在主要经济体中名列前茅。但值得注意的是，德国在电力消费持续增长和可再生能源发电占比持续提升的情况下，2009～2020 年用于调峰的装机规模下降 40%，电网供需平衡能力与效率不断提升。灵活高效的市场体系也培育了电力供需预测产业和技术。截至 2020 年，德国市场主流的 5 家电力预测服务公司为全球提供预测服务，市场份额合计超过 50%。据德国电网运营商 Next Kraftwerke 统计，截至 2019 年德国风电实施出力预测的误差为 2%～4%，光伏误差 5%～7%，大大减少了可再生能源引起的系统平衡费用。

9.2.4　全球可再生能源产业链运行特征与变化趋势

在现有技术下，可实现大规模产业化应用的可再生能源主要包括光伏、陆上风电和海上风电、聚光太阳能等新型可再生能源（图 9-5），以及水电、生物质能、地热能等传统可再生能源。IEA《可再生能源市场报告2021》指出，2020 年全球可再生能源装机增长约 2.8 亿千瓦，比 2019 年增长 45%，占新增总量的 80%。分地区看，中国占比超 80%；分品种看，风电占比超 90%。

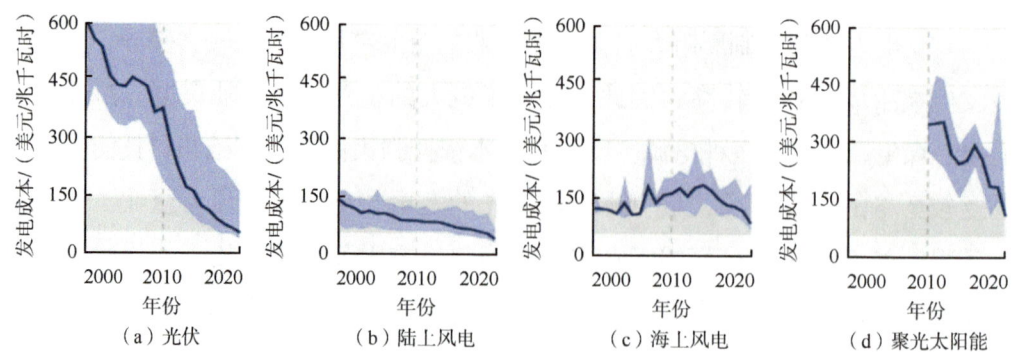

图 9-5　主要新能源技术发电机应用成本变化趋势
资料来源：IPCC 第三工作组第六次评估报告

可再生能源主要应用场景为并网或离网发电，发电成本是决定可再生能源发展规模的核心因素。目前，全球生物质能、地热能、水电、光伏和陆上风电都可实现平价发电，实际成本受资源条件、技术装备和运维技术影响差异较大。

可再生能源发电的生产过程短，可以视为电力产业链的上游发电环节。但其自身产业链应包含装备制造、系统集成、工程建设和运维。这决定了可再生能源产业链形态接近装备制造业，即专业细分、全球化布局。从价值链的角度看，可再生能源产品高度标准化，国际竞争力与全球价值链定位在很大程度上取决于核心技术装备、软件系统及管理运营水平。

产业链上的主要企业分布与可再生能源开发利用的空间分布耦合，形成了三个主要集群：欧洲具备全产业链，从组件、整机到后端开发，都有较大的技术优势；中国产业集群聚焦装备整机和开发利用；美国产业集群则侧重开发端。

随着可再生能源技术创新进入活跃期，全球技术竞争全面升级。从新增国际专利数看，2010 年以来，全球能源技术创新进入旺盛期，能源新增国际 PCT 专利数显著高于其他门类（图 9-6）。相比于传统化石能源产业，新能源产业链高度细分、拉长，全球化、一体化程度加深；科技装备在产业链上的地位明显提升。随着新能源、新技术的推广应用，国际技术博弈和技术本身的不确定性都会对产业链稳定性造成新的冲击。

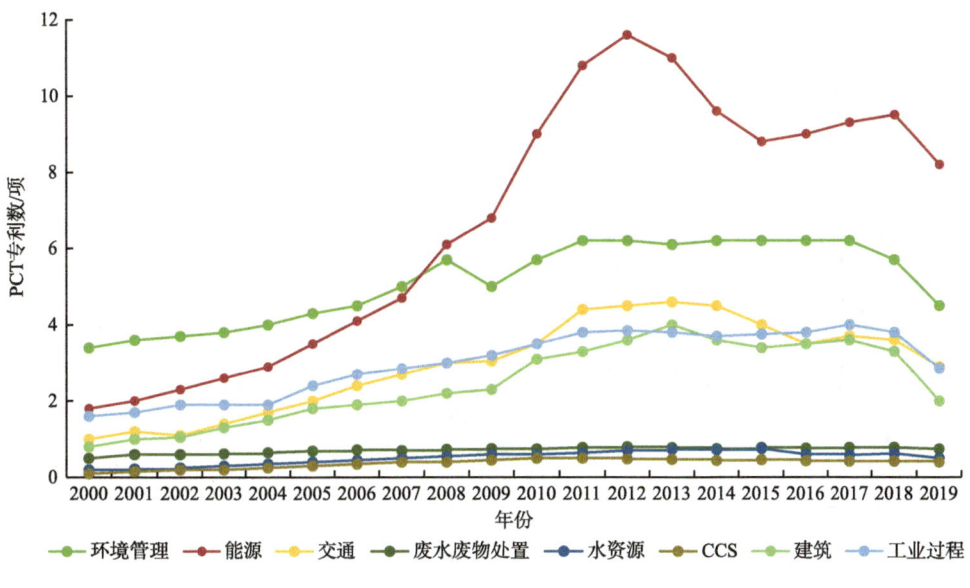

图 9-6 新增国际 PCT 专利数

资料来源：PCT 专利数据库（https://patentscope.wipo.int/search/zh/search.jsf）

　　为此，各国能源企业均加大创新投入，竞争技术高地，提升对产业链的掌控能力。发达经济体为保持领先地位，能源技术垄断、出口限制频发。尽管以中国为代表的发展中经济体在低碳能源技术的应用规模上领先全球，但是在基础科技的原发创新方面，依然与主要发达经济体存在较大的差距。2000～2019 年全球低碳能源技术 PCT 专利申请数排前 15 位的申请人，均为德国、美国、日本、韩国企业（图 9-7）。

　　总体而言，随着能源科技革命和低碳转型的持续深化，全球能源产业以资源驱动和市场驱动为主导的基本形态正在受到根本性的挑战，传统化石能源的资源供给、供应链等问题在逆全球化和地缘政治风险中持续凸显，与全球气候治理目标的矛盾也日益尖锐，各主要经济体碳中和愿景目标的提出为利用化石能源的生产生活方式敲响了警钟。来自技术创新的驱动力正在推动能源产业的突破性变革，分布式、可再生能源叠加数字智能技术的新型能源系统快速发展，在提升能源多样性、减缓气候变化的同时，也给全球能源产业链的重塑带来了更多可能。在能源供需从集中走向分散、从单一能源形态走向多能融合的变革过程中，能源产业链的形态必须适应新的能源供需体系

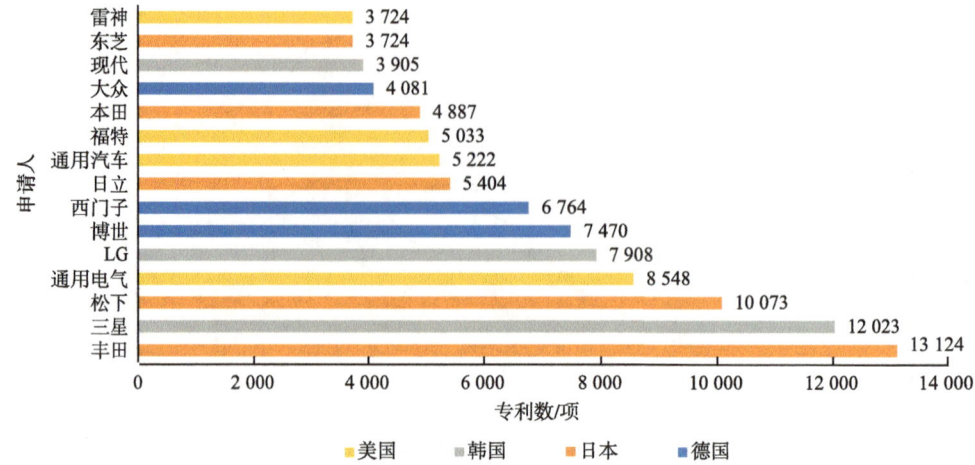

图 9-7　2000～2019 年低碳领域 PCT 专利申请数排前 15 位的申请人情况
资料来源：PCT 专利数据库（https://patentscope.wipo.int/search/zh/search.jsf）

特征，从全球化到区域化、从板块化到一体化的重塑将是我国提升能源产业链现代化水平的新的着力点。

对我国而言，能源系统要达到安全可控、绿色低碳、经济高效三重目标，仍然面临地缘政治风险加剧、技术竞争日趋激烈、双碳目标压力巨大、可再生能源消纳瓶颈等一系列问题，在能源系统转型的长期进程中，需要在推动主导能源供应链坚强可靠的同时，逐渐向价值链高端升级，突破关键技术创新和产业链缺环，打造多能协同的新兴能源产业链。

9.3　现代化能源产业支撑能源强国的国际经验

能源产业链具有特殊的区域性特征、技术性约束和资源性分割。主要经济体在加强能源保障、优化能源供需、强化国家竞争力和保持科技领先地位等方面，已经为我国提供了可供借鉴的经验。

9.3.1　美国：多元化保障传统能源供应，支撑能源强国

美国自然资源禀赋得天独厚，煤炭、石油、天然气储量均位列全球前

茅。但美国并未形成"资源诅咒",反而是在探寻能源独立的路上,对内推动节能、优化能源结构;对外利用国际地位提升能源话语权,推动能源产业全面发展,最终将美国打造成全方位的能源强国。

20 世纪 50 年代开始,美国石油消费量迅速上升,国内开采难以满足快速上升的需求量。1950 年,美国进口石油 2000 万吨,到 20 世纪 70 年代,美国石油进口量突破至 1 亿吨,到 2003 年达到创纪录的 6.1 亿吨。美国页岩革命的出现,实现了油气资源的爆发性增长,美国在 2017 年首次成为天然气净出口国。从 2014 年奥巴马政府的"全面能源战略"到 2017 年特朗普政府的"美国优先能源计划",均大力推动页岩革命,鼓励以天然气替代煤炭,优化能源结构,推动低碳转型,实现了预期的效果。

尽管获得了能源自主,但能源保障始终是美国的国家战略核心诉求。美国一方面加强对全球主要油气供应国和能源运输通道的政治、经济、军事干预,巩固其能源地缘主导权;另一方面依托美元特殊地位,把控全球能源市场定价权。在可再生能源方面,拜登政府着力重塑光伏和锂电池供应链,包括:推动产业链核心技术创新和装备制造环节本土化;加强与盟友协同通过贸易壁垒和技术壁垒限制中国等潜在竞争对手;加大海外锂矿等关键矿产资源获取力度;推动新的气候、能源合作框架,提升天然气地位;等等。这将使国际能源产业链和供应链变得更加敏感与不确定,技术竞争和博弈加剧。

9.3.2　欧盟:多国耦合,协同推进可再生能源发展

在政策与市场的共同推动下,欧盟国家形成了一体化程度较高的可再生能源与电力产业链,构建了清洁绿色的能源结构和领先的技术基础。通过一体化电力系统,德法等国实现绿色电力与核电的耦合,强化了能源保障。下面以德国为代表对欧盟进行介绍。

德国能源气候政策的大力推行,为产业发展提供了基础动力。2010 年,德国推出"能源转型"计划,要求提高全行业能效,大幅提升可再生能源比

例。此后又相继发布《2030 年气候行动计划》《2050 年气候行动计划》，明确到 2050 年基本实现碳中和。按照政策目标，2030 年、2040 年和 2050 年，德国可再生能源发电占比将要分别达到 30%、45% 和 60%。随着电网与可再生能源的快速发展，德国已成为一个电力净出口国。2017 年，德国向荷兰、奥地利、波兰等国净输送电力达到峰值 5500 万千瓦时，2020 年为 1750 万千瓦时的电力，但同时也大量从法国进口电力，且以核电为主。

灵活高效的市场体系推动电力和可再生能源产业链协同优化。德国电力市场采取两阶段平衡机制，先由 2700 个细分区域的虚拟市场单元（基团）预测能源供需及调剂缺口上报电网，电网公司据此调度电力输配。当预测发生偏差时，基团须承担系统的平衡费用。这一机制为德国电网带来了稳定性。此外，2000～2020 年，德国为了推进能源转型，斥资 2430 亿欧元提供可再生能源补贴，通过税费、电价转嫁给消费者。最后，为了消纳高比例可再生能源并网，需储备大量的备用调峰机组也推高了平均发电成本。综合以上各因素，德国成为全球电价最高的国家之一（图 9-8），这对经济竞争力造成了一定的冲击。

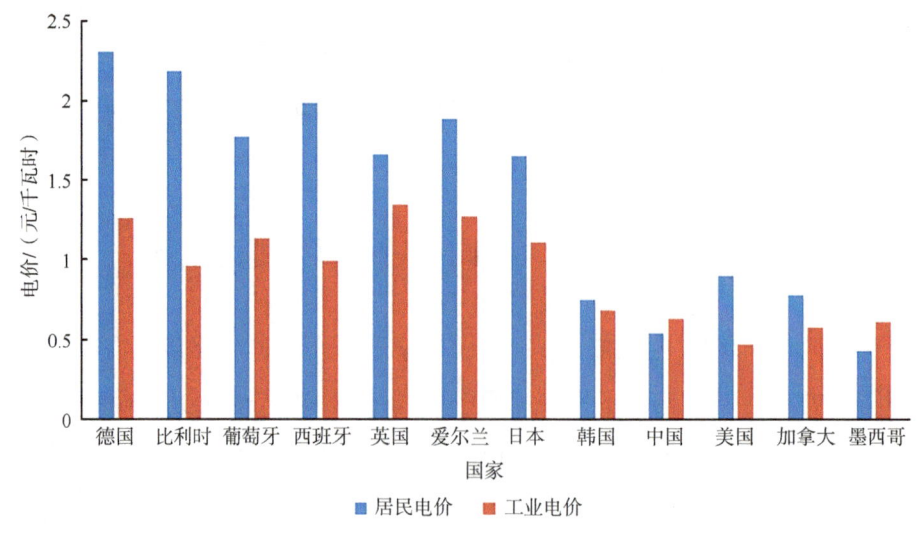

图 9-8　2020 年主要国家电价对比

资料来源：世界银行世界发展指标（World Development Indicators，WDI）数据库

由于资源限制，德国能源对外依存度仍高达 63%且进口来源单一，供应链较为脆弱。德国一次能源消费中油气消费占比为 60.5%，其中，35%的石油和 52%的天然气从俄罗斯进口①。俄乌冲突发生后，德国及欧洲能源价格剧烈波动，亟待开拓新的能源供应渠道。

9.3.3 日本：坚持技术与装备高端化发展，提升国际话语权

受限于资源匮乏、地域狭小、人口密度高等因素，日本传统化石能源需求始终高度依赖进口解决。高度依赖海外资源供应给日本经济带来了明显的隐患。为保障传统能源供应安全，日本主要通过与美国协同参与能源贸易和金融，以及对外投资，提高传统能源的控制力。

在战略选择上，经历第一次石油危机的重创后，日本能源战略从以煤炭、石油等化石能源为主的策略，开始转变为以节能和加强能源多元化供应为基础的能源战略。近年来，日本先后出台"第五次能源基本计划""2050能源环境技术创新战略""氢能基本战略"等规划，提出加快发展可再生能源，全面系统建设"氢能社会"。

日本可再生能源禀赋较差，国内发展空间受限，重点转向国际市场。凭借良好的工业基础与科技实力，日本重点发展产业链上游的高端技术，抢占产业链主导权。在新能源汽车领域，2019 年，松下占据了全球锂电池市场的24%；在高压继电器市场，欧姆龙和松下两家企业占据了 43%；在风电装备领域，日本企业占据了核心组件主轴承市场的 20%，成为风电产业链中的重要参与者。借助国际市场扩大应用规模，日本成功实现了提高技术成熟度、降低成本的目标，从而反哺国内市场，推动可再生能源技术在日本国内得以更可靠、更经济、更安全地实现落地应用。

---

① 资料来源：BP 公司数据。

9.4 我国能源供需新特征及其对产业链的新要求

1. 能源安全形势更加严峻，油气供应链需加快完善强化

我国油气对外依存度持续提升，2020 年分别达到 73%和 44%。在海外石油资源供应主要石油出口国中，伊拉克、苏丹、委内瑞拉、伊朗等多国和地区政治不稳定；我国 70%进口原油经马六甲海峡，台湾问题、南海争端、钓鱼岛争端都有可能造成供应链受阻。此外，如果天然气对外依存度进一步提升，也会导致外部市场价格波动向国内传导。因此，需要积极协调国内和国外两个市场、两种资源，多渠道"开源"。

2. 双碳目标下能源低碳转型压力巨大，要加快煤炭产业链清洁绿色高效转型

我国提出"碳达峰、碳中和"目标，任务艰巨、挑战严峻。实现双碳目标关键在能源系统深度脱碳。现阶段我国电力部门直接碳排放占比接近50%，是最主要的排放部门。2021 年我国一次能源中煤炭占比 56%，预计到2035 年仍将占 1/3（图 9-9），深化煤炭清洁高效利用是实现能源系统低碳转

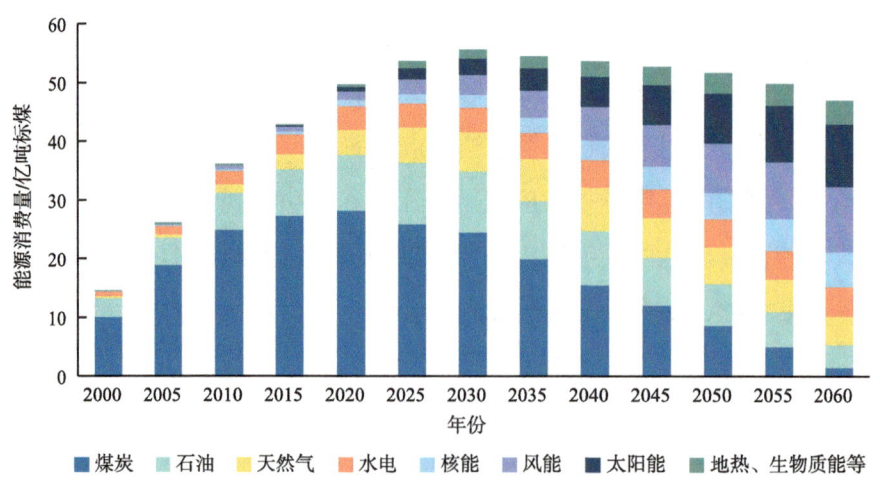

图 9-9　中国一次能源消费结构状况及预测

数据来源：中国石油集团经济技术研究院

型的关键。但我国煤炭产业链前端自动化高效绿色开采技术与国际先进水平仍有较大差距；后端清洁燃烧技术取得一定突破，但仍面临关键部件装备进口依赖的问题。此外，煤化工产业规模增长较快，但高端产能和技术储备不足。在双碳目标下，煤炭产业链亟待推动全面的清洁化、低碳化、高端化转型。

3. 我国可再生能源长足发展但消纳瓶颈渐显，需多能协同，构建更高维度的完整产业链

2016～2020 年，我国可再生能源取得了长足进步，风电、光伏发电和生物质发电新增装机量合计 20 亿千瓦，年均增长 25%；弃风率、弃光率也从 10%～20% 降至 2%～3%（图 9-10），但可再生能源比例的进一步提升面临消纳瓶颈。通过化石能源利用方式的转变，优化发电调峰能力建设，以及提升电网智能化调度技术、培育储能技术和产业，优化可再生能源多元模式开发，推动离网应用、多能耦合等方式发展，实现多种能源产业链的协同，提升消纳能力。

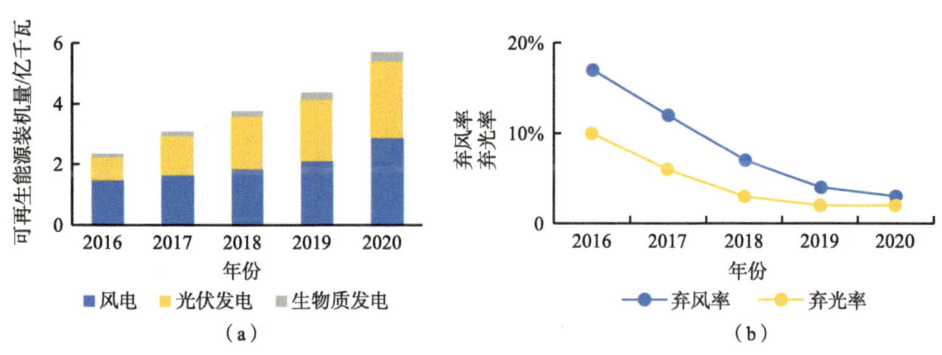

图 9-10　非水可再生能源装机及弃风率和弃光率

资料来源：国家能源局（根据新闻整理）

4. 全球技术博弈加剧，能源产业基础创新能力亟待加强

能源竞争历来是国家战略的重要内容，可再生能源的发展有望突破资源约束，影响未来数十乃至数百年的国际格局，因而受到全球各国普遍关注，而新能源领域竞争的核心便是科技竞争。以中美竞争为例，2015～2020 年，

美国国会、政府及重要智库共发布 450 份对华政策文件和研究报告,以科技竞争和封锁为主题的占比过半,且逐年上升。其中,能源技术则是美国对华技术封锁管制的重点领域之一。我国关键技术、组件、装备和原材料面临国外"卡脖子"问题,如长期不解决,潜在风险将会随着可再生能源应用规模的扩大而迅速膨胀,威胁能源安全。

面向"两步走"战略目标和双碳目标,我国能源产业链现代化进程的加速将有利于抢占能源供需体系重构和颠覆性技术变革的机遇期,打造新型能源产业链的长板,成为全球产业链的中心节点区域;有利于补强传统能源产业链的短板,在推动主导能源供应链坚强可靠的同时,打通从分割化到一体化的整合路径,逐渐向价值链高端升级,突破关键技术创新,打造多能协同的新兴能源产业链,强化网络韧性和弹性,从而为我国能源强国建设奠定坚实的产业基础。

第 10 章　我国能源产业链现代化水平与问题

对照能源强国的产业链现代化特征，我国能源强国建设已初具基础。但对比国际领先经济体，我国能源产业链完整性仍存在结构性短板，供应链韧性不足，产业技术竞争力和基础创新能力不足，国际价值链分工以中低端为主等，对能源强国建设和经济社会高质量发展形成了掣肘。

10.1　产业链现代化的内涵与评价方法

按照 2019 年 8 月中央财经委员会第五次会议，产业链现代化包含产业链完整性、供应链安全性、产业基础高级化、价值链高端化四个方面。

10.1.1　产业链完整性

能源产业链的完整性有两层含义，从能源系统整体角度，指能源结构丰富多元，各种能源品种齐全，产业链体系完备；从能源品种看，则指能源产品生产链、供应链、价值链各个环节自主可控，以及装备和生产性服务等配套产业健全。

在梳理煤炭、油气和风电、光伏、新能源车等各个产业链上细分产品的基础上，我们从联合国贸易数据库匹配并获取各产品进出口贸易数据，将一国某个产业环节（目前指数计算没对上下游进行区分）的出口与总贸易额比值作为该环节的强度，用该环节全球贸易额占所有产业环节全球贸易额的比重表示权重，将强度和权重乘积求和得到产业链完整性指数，并进一步构建综合评判指标。

$$产业链完整性指数 = \sum_{i个产业环节} \frac{出口}{(进口+出口)} \times \frac{第i个产业链环节全球贸易额}{所有产业环节全球贸易额}$$

综合指数 = 0.6 × 新能源产业链完整性指数 + 0.4 × 传统能源产业链完整性指数

10.1.2 供应链安全性

能源供应链的安全性，指能源产品产运储销各个环节吸收冲击、维持平稳有效供应的能力。可以从暴露性、敏感性和恢复性三个方面进行评价，暴露性主要考虑能源供应安全相关指标，敏感性主要从能源系统弹性的角度考虑能源安全，恢复性指能源系统遭遇供应风险后的恢复能力（表10-1）。

表 10-1 能源供应链安全性指标

类别	指标	指标说明（来源）
暴露性	对外依存度	石油进口依存度（各国统计局）
	进口来源多样化	HHI × 进口来源政治风险权重（行业报告、美国能源信息署、欧盟统计局等），根据石油进口来源地计算赫芬达尔-赫希曼指数（Herfindahl- Hirschman index，HHI）
敏感性	基础设施建设	能源管道长度/国家面积（中国石油管道科技研究中心）
	核心设备国产化率	国产化率百分比（行业报告、新闻）
	战略储备	国家战略石油储备天数（日本自然资源与能源厅、美国能源信息署等）
恢复性	产业链完整性	参见10.1.1节
	专业人才比例	能源专业人才数/全国人口（行业报告、新闻）

基于上述分析，本节用暴露性、敏感性和恢复性3个维度共7个指标构建了能源供应链安全评价指标体系，并对中国、美国、欧盟、日本四个经济体进行评价。为了克服指标的不同计量单位，我们使用分段法对各项指标进行归一化，即对每个选定指标创建等级（或分段）以反映安全或不安全水平，定义5个水平范围（0~4），其中，0是最不安全的，4是最安全的，设定范围综合考虑了世界各国（地区）的平均情况。按照等权重对各项指标进

行加权，构建综合指标。

10.1.3　产业基础高级化

产业基础是产业链的核心和支撑，按照《中国制造 2025》的定义，包含基础技术、基础工艺、基础材料和基础部件，即"四基"。此外，基础平台、基础创新体系、新型基础工业设施、基础文化、基础教育和人才、基础政策措施也是支撑产业基础的广义能力。相比发达经济体，我国在能源基础创新方面短板明显，高级化发展目标仍待实现。

本章通过构建能源产业基础高级化指标体系以系统评估我国能源产业基础高级化的发展现状和努力方向，并进行国际比较。指标体系包括：①能源产业基础创新激励机制；②能源产业基础研发投入；③能源产业基础新技术产出；④能源产业基础整体发展水平。

指数选取瑞士、中国、德国、英国、日本、美国六个主要国家，各指标以最高（能耗指标为最低）的国家记 10 分，其他国家按比例依次赋分，最后根据权重加总（表 10-2）。

表 10-2　能源产业基础高级化指数分项权重

分项	指标	权重	次权重	数据来源
能源产业基础创新激励机制		10%		
	有效碳价		33%	OECD
	新能源 FIT（feed-in-tariff，上网电价）补贴		33%	OECD
	Cleantech 商业化创新指数		33%	Cleantech
能源产业基础研发投入		40%		
	R&D 投入总额		40%	OECD
	R&D 投入-能效		20%	OECD
	R&D 投入-化石能源		20%	OECD
	R&D 投入-可再生能源		20%	OECD

续表

分项	指标	权重	次权重	数据来源
能源产业基础新技术产出		40%		
	产出数量	10%		
	能源环境专利数全球份额		33%	OECD
	能源环境国际专利数①全球份额		33%	OECD
	能源环境领域论文发表数		33%	欧盟委员会
	产出质量	30%		OECD
	人均专利数		16.7%	OECD
	能源环境专利占专利总数比例		16.7%	OECD
	能源环境国际专利占国际专利总数比例		16.7%	OECD
	能源环境专利比较优势指数		16.7%	OECD
	能源环境专利国际合作占比		16.7%	OECD
	能源专利国际合作占国际合作专利总数比例		16.7%	OECD
能源产业基础整体发展水平		10%		
	环境调整全要素生产率		50%	OECD
	单位产出能耗		50%	OECD

10.1.4 价值链高端化

能源价值链高端化是指具备高质高效的能源及能源设备的生产性企业，具备良好的全球能源贸易竞争力及转化增值水平，具备较高的绿色低碳价值。

本章基于 OECD、世界贸易组织、世界银行等组织所公布的数据，从高价值能源企业强度比、主要能源设备企业价值比、高载能产业出口全球占比、高载能产业出口价值增长、能源转型投资比和终端能源低碳化六个方

---

① 国际专利指在 2 个及以上国家生效的专利。

面，共同评估了以中国、美国、欧盟和日本为代表的经济体的能源价值链水平，并将细分指标标准化后，综合构建了能源价值链指数。该指数可进一步细分为包含煤炭、油气、可再生能源等分能源类型的价值链指数。

$$\text{高价值能源企业强度比}_{country} = \frac{\text{全球百强能源企业营收}_{country}}{\text{国家能源消费规模}_{country}}$$

$$\text{主要能源设备企业价值比}_{country} = \frac{\text{主要能源设备企业平均市值}_{country}}{\text{全球能源设备公司最高市值}}$$

$$\text{高载能产业出口全球占比}_{country} = \frac{\text{高载能产业出口总量}_{country}}{\text{全球高载能产业出口总量}}$$

$$\text{高载能产业出口价值增长}_{country} = \frac{\text{高载能产业出口价值增长量}_{country}}{\text{全球高载能产业出口价值增长总量}}$$

$$\text{能源转型投资比}_{country} = \frac{\text{能源转型投资额}_{country}}{\text{国家总人口}_{country}}$$

$$\text{终端能源低碳化}_{country} = \frac{\text{能源二氧化碳最高排放量} - \text{能源二氧化碳排放量}_{country}}{\text{能源二氧化碳最高排放量} - \text{能源二氧化碳最低排放量}}$$

10.2　我国分品种能源产业链现代化水平评价

根据能源产业链现代化的四个内涵，分别选取分能源品种细指标，对各主要能源产业链现代化水平进行评价。

10.2.1　煤炭：产业链发展成熟，但低效低端问题突出

我国煤炭产业链完整性高（图 10-1），但高端化发展不足。煤化工精加工产品进口依赖强。对比代表性经济体，我国煤化工产业链完整性处于中上游水平，美国、韩国、日本煤化工环节发展水平相对我国发展优势明显。

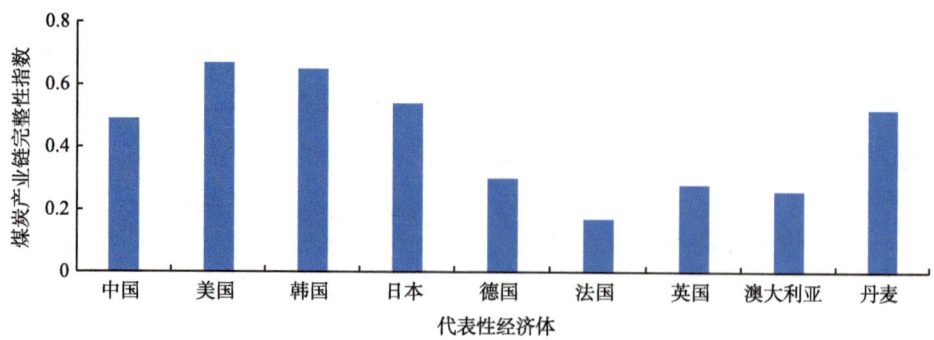

图 10-1　煤炭产业链完整性指数的国际比较

煤炭供应链安全性较高（图 10-2）。我国煤炭依赖度较小，煤矿数量较多，核心设备国产化率高，战略储备量达到世界平均水平，产业链完整性较高，专业人才储备较充裕。这些因素决定了我国煤炭供应链对风险的暴露性、敏感性较低，遭遇突发事件冲击后，能够较快恢复。

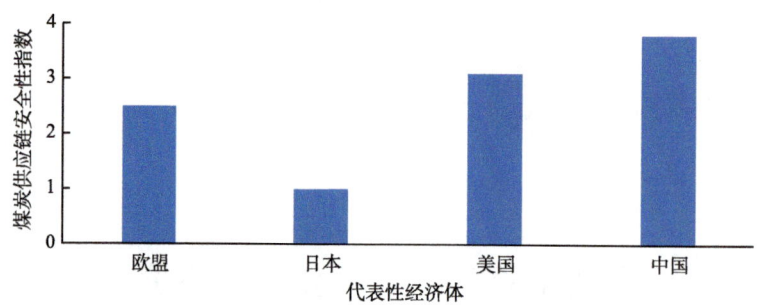

图 10-2　煤炭供应链安全性指数的国际比较

煤炭产业基础"重硬件、轻软件"，机械设备产业链相对完整，工程设备技术相对成熟，但软件平台建设和智能化水平有待提升。2020 年，根据 OECD 公布的主要国家能源领域研发投入情况，我国在化石能源领域研发总额达到 13.68 亿美元，占我国能源领域研发投入总额的 36.46%，无论是金额还是比重，都远高于发达国家。但数字化智能化基础平台建设投入较低，不利于提升资源利用效率和产品质量，这是我国煤炭产业与国际先进水平差距最大的领域。

我国煤炭产业在全球价值链中处于较低端（图 10-3）。2021 年我国原煤产量突破 40 亿吨，领先全球，但出口较少，以中低端产品为主。由于煤炭产品全球能源贸易竞争力不足，以及转化增值水平较低，中国煤炭产业的价值链高端化指数远低于美国、欧盟、日本等三个主要发达经济体。

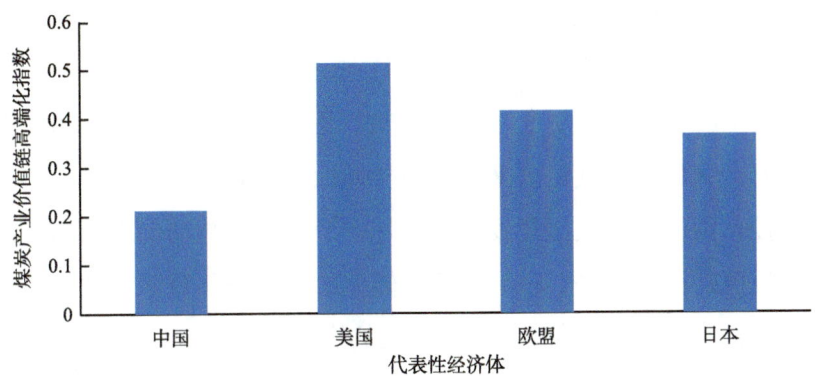

图 10-3　煤炭产业价值链高端化指数的国际比较

10.2.2　油气：供应链脆弱性和装备能力不足掣肘现代化发展

我国油气产业链规模较大，但下游高端产品供给缺失。目前中石油、中石化和中海油等三大国有一体化集团在开采、炼化环节国际排名靠前，但以满足国内需求为主。从产业链上产品净出口情况看，我国油气资源及下游炼化高端产品对外依存度高，拖累了我国油气产业链的完整性评分。对比典型发达经济体，我国油气产业链完整性指数差距较大，整体评分位于中下游（图 10-4）。

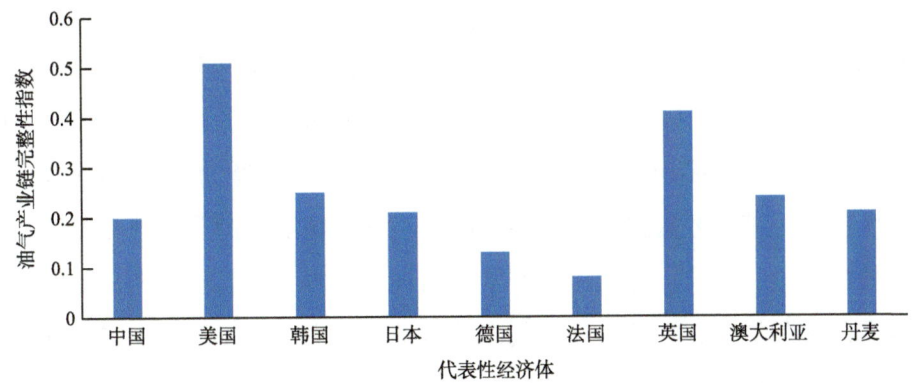

图 10-4　油气产业链完整性指数的国际比较

石油供应链基本安全（图 10-5）。尽管我国石油对外依存度较高，构成能源安全的主要挑战，但我国石油进口来源的多样性相对较好，与主要进口国家的政治关系可控，国内储运基础设施建设水平位居国际中游，为供应链安全提供了基本保障。但上游开采技术装备国产化率较低，战略储备不足 IEA 推荐水平的一半，对供应链的稳健性提出挑战。

天然气供应链目前较安全（图 10-5）。但考虑到未来需求激增，供应链也亟待扩容。我国天然气进口来源的多样性相对较好，与主要进口国家的政治关系可控，国内管输设施建设处于国际中游水平，战略储备量达到世界平均水平。但值得注意的是，在绿色低碳转型的推动下，我国天然气需求持续较快速增长，将对天然气供应链提出更大的挑战。

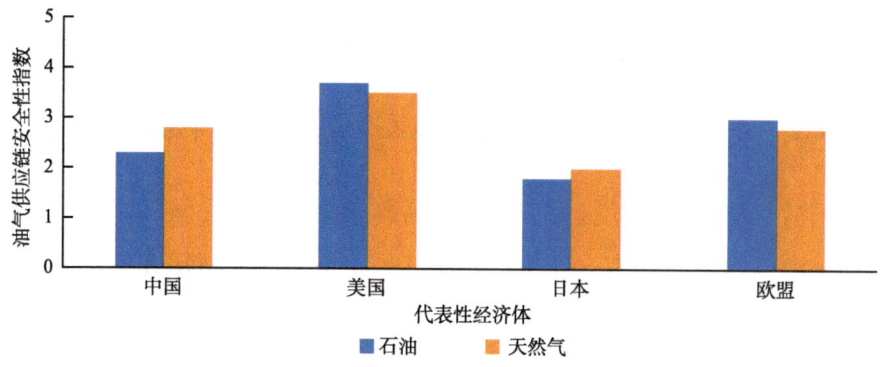

图 10-5 油气供应链安全性指数的国际比较

油气产业创新基础较好（图 10-6）。相关产业研发强度高、研发效益好。但非常规油气投入不足，交叉技术研发有待提升。根据国家统计局《中国科技统计年鉴 2021》，我国油气和石化产业链 2020 年研发投资总额达到 269 亿元，研发强度分别达到 1.20 和 0.45。在研发产出方面，根据国家统计局每年发布的新产品销售数据，石油加工、炼焦和核燃料加工业连续多年成为我国新产品销售收入最高的能源部门。油气领域实现产业基础高级化，拥有良好的基础和潜力。然而上游非常规油气（页岩气、煤层气）开采程度远不及我国实际储量，在非常规油气高端装备的自主化水平上还有较大发展空间。在下游利用和消费环节，我国对油气在具体行业中实现清洁利用的相关交叉技术的重视程度还不足。

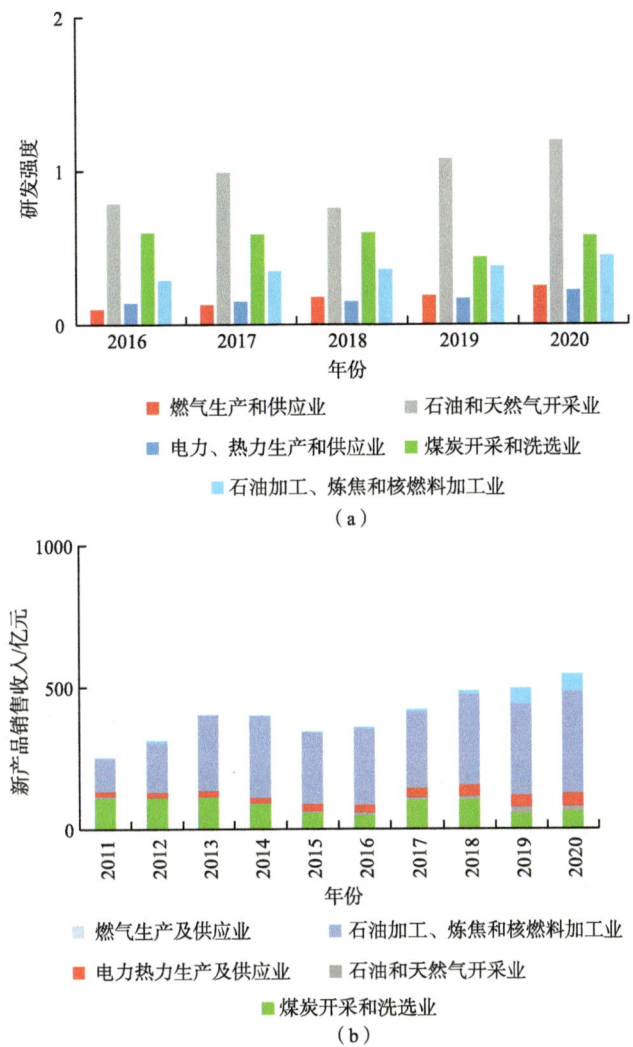

图 10-6 我国主要能源产业研发强度及新产品销售收入

资料来源：国家统计局

中国的油气产业链在国际上具有较为良好的价值水平（图 10-7）。这得益于国家放开油气勘查开采市场准入，改变过去主要由几家国有公司专营的局面，有利于激发市场活力，多渠道筹集开发资金，加大油气勘查开采力度，稳步提高油气产量。但我国油气装备配套产业发展之后，大型油田服务企业较少，排名第一的中海油田服务股份有限公司市值不到国际龙头斯伦贝谢公司的 1/3。

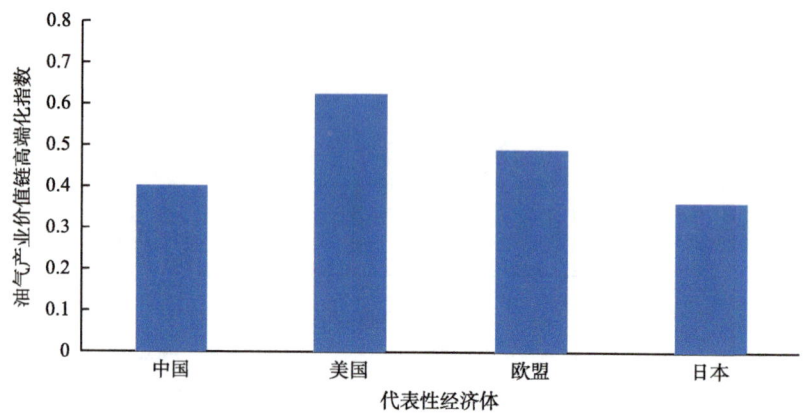

图 10-7　油气产业价值链高端化指数的国际比较

10.2.3　电力：重硬件、轻软件的格局亟待扭转

我国电力产业链完整性领先全球（图 10-8）。我国在主干电网建设方面长期重点投入，在构建起全球最大、硬件水平最为领先的电网系统的同时，也培育出领先全球的电网设备产业集群。但值得注意的是，在电网自动化控制、调度等软件和管理技术上仍存在较明显的短板。

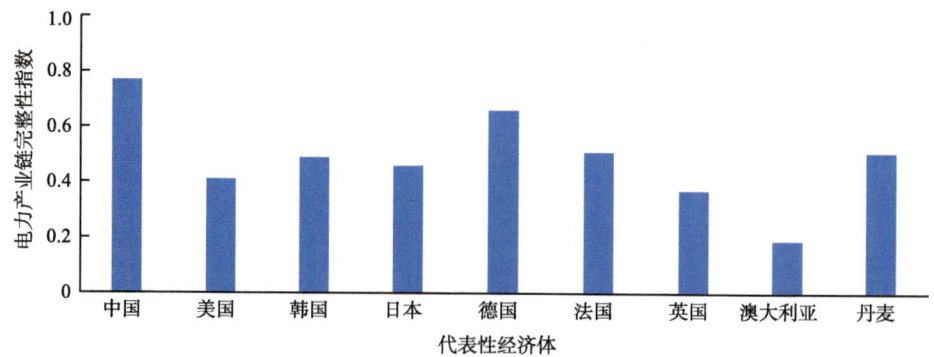

图 10-8　电力产业链完整性指数的国际比较

　　我国电力供应链稳健性与主要发达经济体仍有差距，核心设备国产化率和调峰能力不足是主要短板。我国电源结构中煤炭占比较大，多样性不足。电网硬件建设已经位居世界先进水平，但是发电核心设备的国产化水平较低，在调峰能力方面较弱，电力系统的可靠性也逊于欧盟和日本。在恢复性方面，中国电力产业的完整度较高，但专业人员储备较少。综合来看，中国的电力安全指数和发达国家比仍有一定的距离，特别是发电技术多样性、系统稳定性、电力设备的国产化程度及调峰能力等方面有较为显著的差距。

　　电力产业基础较好，科技研发投入和产出均领先全球。但同样存在"重硬件、轻软件""重单项、轻平台"的产业基础短板，调度平台、工程软件等重要基础领域存在较大提升空间。我国对用于解决远距离跨省份电力传输的特高压直流输电线路建设需求长期保持高位，但输电相关的机器人巡检、智能监测和继电保护等输电领域基础性软件技术投入较少。在配电端，基础平台建设仍存在短板。此外，我国电力系统设计、仿真等环节对国外工程软件还存在较大的依赖度，这对我国能源的自主性也构成威胁。

　　我国电力产业相关技术装备主要满足国内市场需求，电网和发电企业国际业务也较为有限，在发达市场占有率较低，导致价值链高端化指数相对较低（图 10-9）。

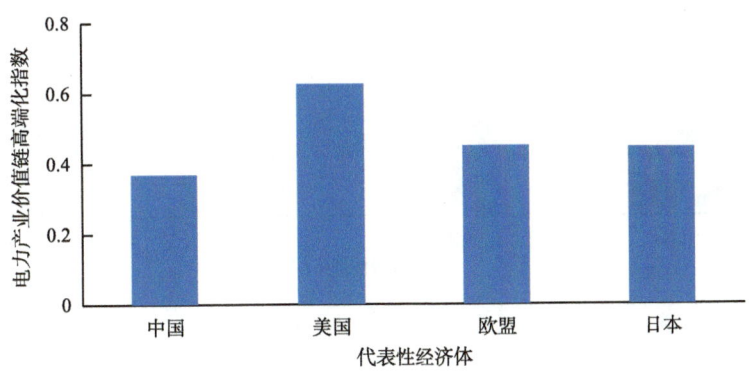

图 10-9　电力产业价值链高端化指数的国际比较

10.2.4 新能源：具有现代化基础，但结构性短板限制长期发展

新能源产业链完整性和供应链安全性领先全球（图 10-10 和图 10-11）。我国布局品种多元，水电、风电、光伏、生物质发电规模连续多年稳居全球首位；地热、海洋能等也都实现了产业化发展。此外，我国已形成完备的可再生能源技术产业体系。光伏电池技术、转换效率和产业化水平领先，风电技术装备在国际市场占据重要地位。但储能、氢能及综合能源管理等新兴产业仍待培育。

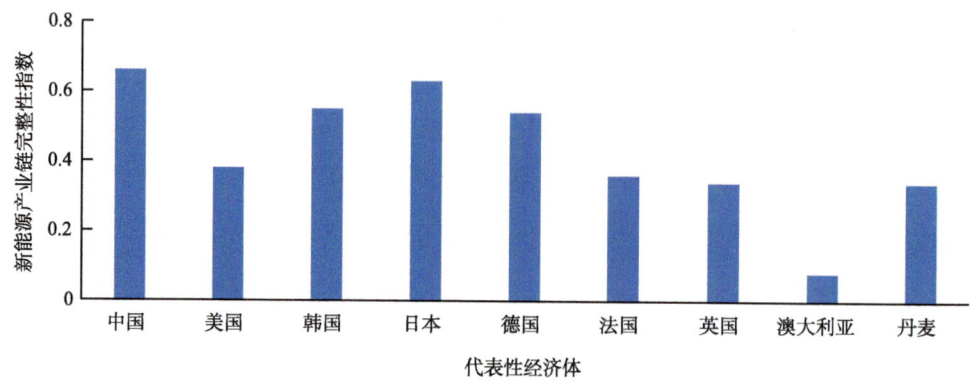

图 10-10　新能源产业链完整性指数的国际比较

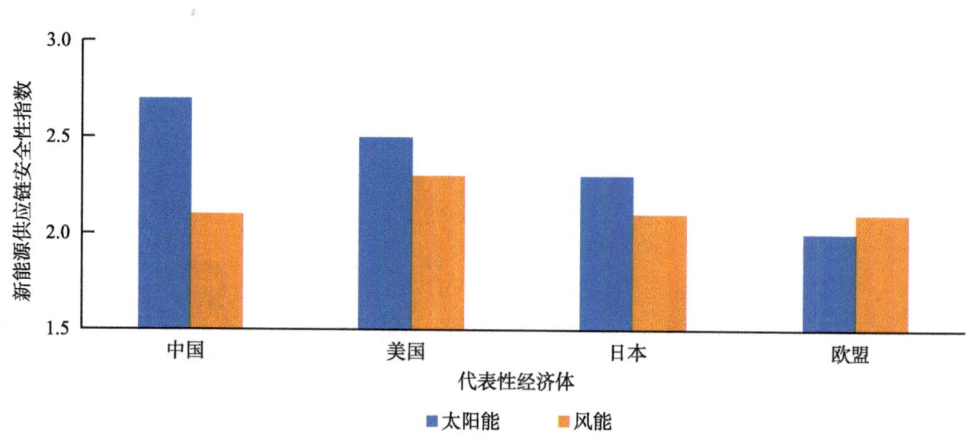

图 10-11　新能源供应链安全性指数的国际比较

　　我国可再生能源产业基础较好，在技术装备研发、整机制造、重大工程等指标方面成绩突出，但关键部件对单一技术路线依赖性强、新技术量产潜力有待提升、平台化程度不足是共性的问题。可再生能源多能协同、一体化管理和调节平台的研发力度不足，试点项目推进较少。氢能产业链基础较薄弱，发展程度也和发达经济体有较大差距。2020 年，我国在氢能领域的研发投入（1814 万美元）为美国（1.7 亿美元）的近 1/10，日本（3 亿美元）的 1/17，仅占我国能源研发总投入的不到 0.5%。氢能领域已成为我国能源产业基础高级化过程中的主要"短板"领域。

　　我国新能源产业处在全球价值链中游，与领先国家（地区）仍有差距（图 10-12）。相比海外企业能够凭借技术优势在海上风电等技术要求更高的场景占有市场，中国企业业务大多集中于国内。中国海外新能源开发投资偏重装备及产品输出。中国对太阳能和风能供应链有着巨大的影响，随着中国各个环节的核心厂商扩产计划的实施，2019 年中国硅片、电池片、组件产能全球占比分别约为 97%、79%、71%，但光学级聚酯薄膜等产品依然由美国、日本等国企业垄断。而我国风电产业链上下游不匹配，上游生产能力和研发水平在全球处于较低水平，对外技术依赖性强；而下游的风电建设能力却位居世界前列。上下游发展速度和规模明显不能衔接，这约束了我国风电全产业的国际化进程。

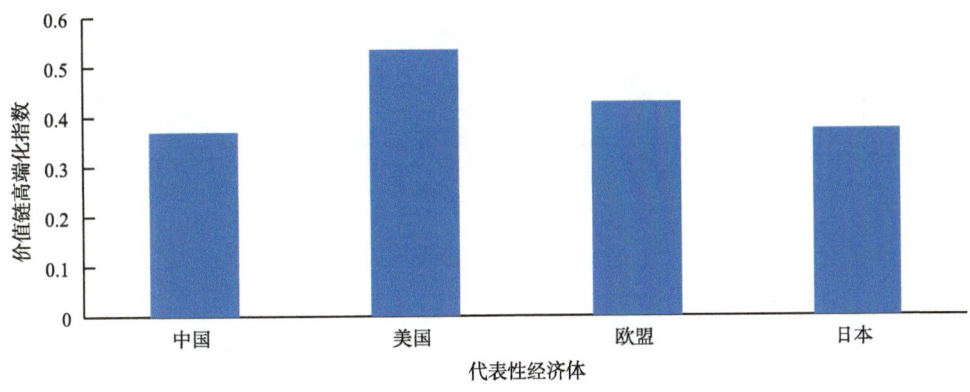

图 10-12　新能源产业价值链高端化指数的国际比较

10.3 我国能源产业链现代化水平的总体评价

本节通过对能源产业链现代化四个维度综合指数按极值法标准化后进行的分段（1~4 分）打分，构建综合评价指数，综合评价我国能源产业链现代化四个维度表现。

1. 产业链完整性较高，但存在结构性短板

我国能源产业链整体完整性较高（图 10-13）。完备的工业门类为能源产业链提供了完整的配套；而巨大的市场规模和多元化的自然地理特征，则推动了能源产业链的多元化发展。但仍存在明显的结构性短板。光伏产业链上游部分关键原料和组件依赖进口；高端风电设备部分关键组件长期被国外企业垄断。此外，储能产业尚未实现大规模工业化应用，氢能、CCUS 等技术尚未实现产业化发展，可再生能源装备回收处置等产业也待培育。关键技术、原料、装备和软件对外依赖导致"卡脖子"风险，需要针对性地重点突破。

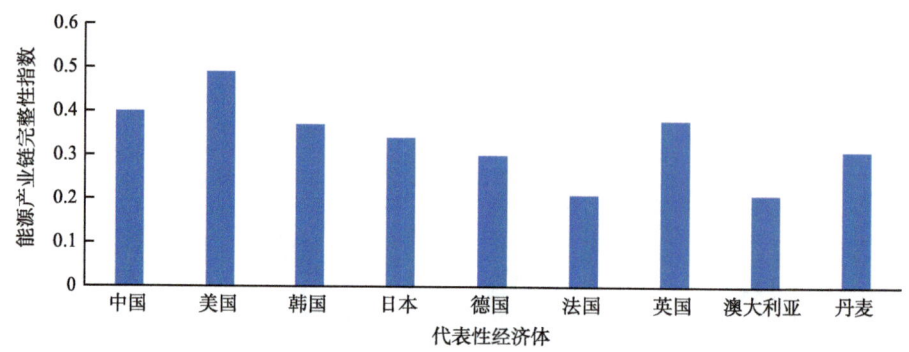

图 10-13　能源产业链完整性指数的国际比较

2. 供应链安全基本有保障，但韧性、弹性不足带来隐患

我国能源供应链安全性指数在国际对比中处于中游，低于美国和欧盟但高于日本（图 10-14）。对外依存度，尤其是油气对外依存度大，是我国能

源供应链的主要问题；储备体系不健全也是导致吸收冲击能力不足的关键。此外，值得注意的是我国能源核心设备国产化率相对较低，尤其是部分新能源技术对外依赖较强，潜在风险冲击将会随着可再生能源使用规模的提升而快速放大。从传统能源供给安全、能源供应链安全及技术安全层面看，我国能源安全形势都较为严峻。

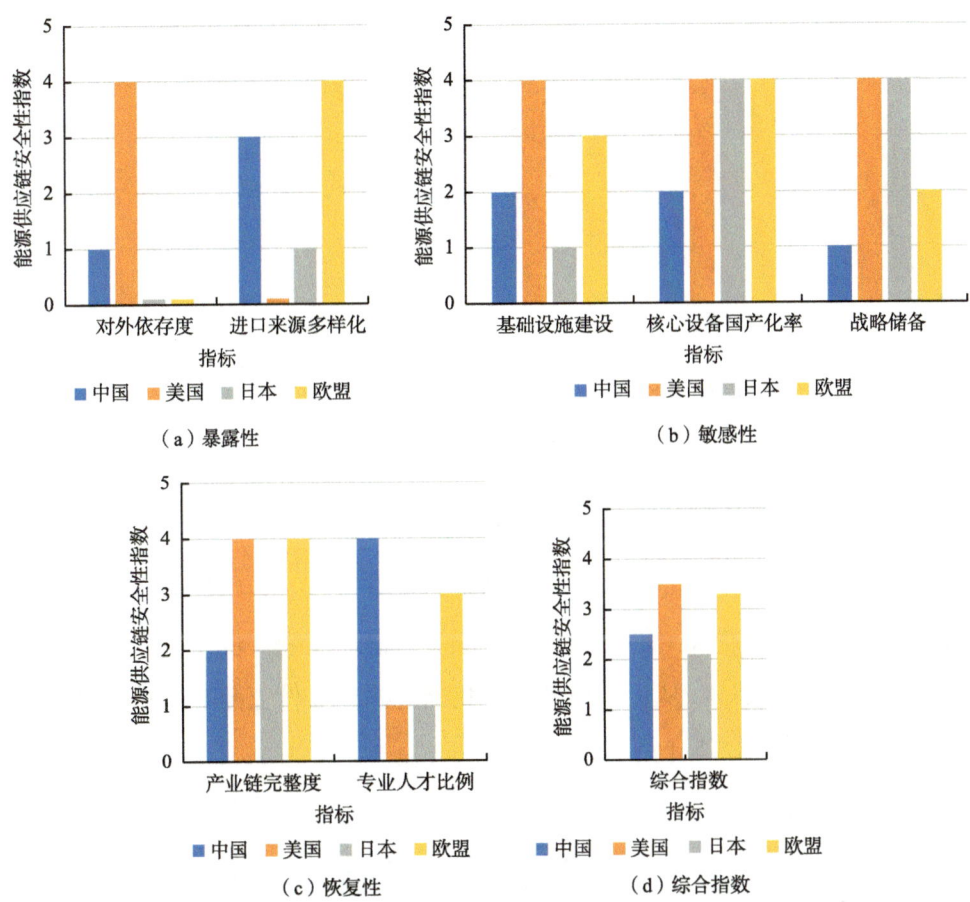

图 10-14 能源供应链安全性指数的国际对比

3. 基础创新能力不足，高级化发展目标仍待实现

我国研发投入和新技术产出数量领先全球（图 10-15）。但大量投入和产出的量变尚未转化为质变，技术产出的质量仍较低，创新激励不足。从低

碳创新的结果角度看，我国环境要素产出率、单产能耗等低碳发展指标表现较低。未来需进一步着力提高创新成果服务工业实践的能力，以提升我国整体创新发展水平。

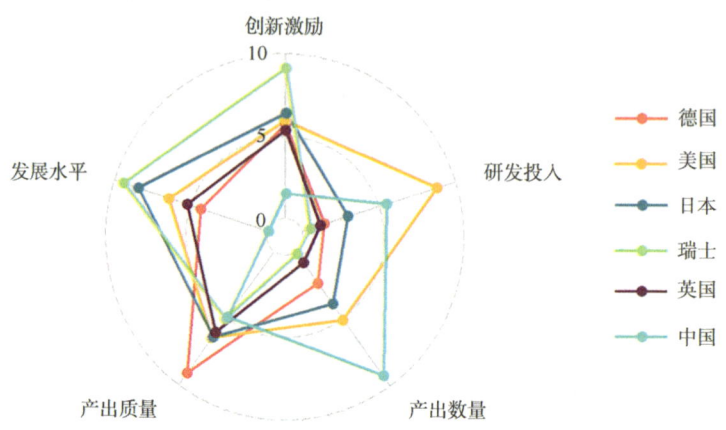

图 10-15 主要国家能源产业基础高级化指数分项对比

4. 全球价值链分工仍以中低端为主

我国除部分石化产品外，能源产品出口规模较小，以中低端产品为主，高端产品进口依赖较高。能源装备制造业持续快速发展，但在高端技术、关键部件方面仍有缺口。从企业角度看，我国能源产业价值链的高端化水平远低于美国、欧盟、日本（图 10-16）。

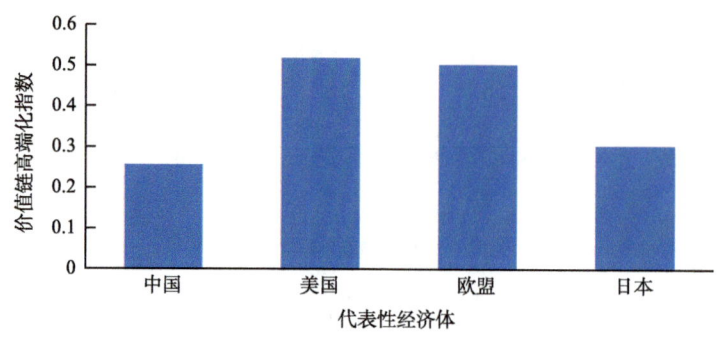

图 10-16 能源价值链高端化指数的国际比较

　　对比主要发达经济体，我国能源产业链的总体现代化水平处于中下游水平，优于日本但弱于美欧（图 10-17）。分项看，主要的比较优势在于主导能源产供销体系完整，新能源产业链扩张迅速；能源技术配套产业和基础设施完备，新能源品种整机装备占据全球市场主要地位；具备支撑新兴能源发展的上游资源和矿产资源禀赋优势。但对标能源强国的产业链现代化特征，我国在从能源大国向能源强国转型过程中，产业链完整性仍存在结构性短板，供应链韧性不足，产业技术竞争力和基础创新潜力较弱，国际价值链分工以中低端为主，对能源强国建设和经济社会高质量发展形成了掣肘。

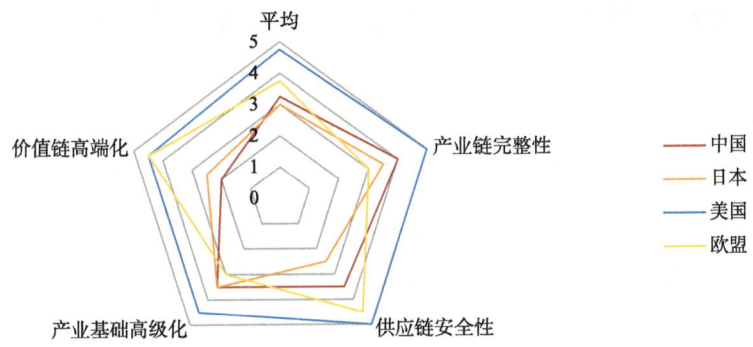

图 10-17　能源产业链现代化水平的国际比较

第11章 我国能源产业链现代化发展的定位与目标

11.1 能源强国目标下产业链现代化发展的总体定位

以能源强国建设目标为指引，立足我国能源产业链比较优势，我国能源产业链现代化发展应瞄准成为引领全球能源产业链变革的战略中心节点，并以此作为长期定位。通过强化前沿科技创新力实现新兴能源技术产业的规模化扩张和结构性增长，构建非化石能源全产业链优势。通过强化非化石能源与化石能源多能融合的关键技术创新，推动能源产业链的全面高端化，从根本上提升化石能源供应链韧性；深化能源产业链与信息产业链的深度耦合，打造数字化智能化大型综合能源系统的产业优势，引领全球碳中和变革。

11.2 提升我国能源产业链现代化水平的阶段目标

从能源产业链现代化发展总体定位出发，以我国双碳目标、推动构建新发展格局和现代化经济体系建设为指引，本章提出"三阶段"建设能源强国的战略安排，即到2035年，我国能源体系达到世界一流，完全能够保障我国社会主义现代化建设的能源需求；到2050年，我国能源体系跻身世界前列，完全能够保障我国现代化强国建设的能源需求；到2060年，我国完全建成能源强国，引领世界能源发展。以此为目标，本节结合能源强国建设目标对能源产业链的五方面要求，提出能源产业链的现代化发展的三阶段目标。

11.2.1　第一阶段（2020～2035 年）

根据研究，第一阶段一次能源结构中煤炭占比大幅下降，从 57%降至 42%；石油占比从 19%降至 16%；天然气占比则从 8%提升至 14%；非化石能源占比从 16%跃升至 28%。

为配合这样的能源结构调整，要优化传统化石能源压舱石作用，同时推动可再生能源获得突破式发展。

优化传统化石能源压舱石作用。优化煤炭利用，普及智能绿色开采技术，回采率达到国际先进水平；煤炭柔性、韧性产运销体系建立完善；新型煤化工技术优化发展，高端产品规模化供给能力提升。

强化油气保供，增加石油供应来源，拓宽供应渠道，推广数字化智能化开采，提升采收率至国际先进水平，非常规油气实现规模化开采；战略石油储备达到 90 天安全水平。

提升天然气在一次能源结构中的地位，大幅增加天然气装机容量，优化机组结构，合理提升调峰比例；加强 LNG 进口渠道建设，加快东部沿海接收和储存设施建设，加快管道和储存体系建设，优化布局适应电力调峰需要。

电力产业链上游高效燃煤关键技术和组件自主可控，并在新建、改建机组全面推广应用。电力市场改革基本完成，形成科学合理、灵活高效的价格体系。

新能源产业链取得突破，提供发展增量。可再生能源关键技术装备自主可控，基本突破"卡脖子"技术限制；储能产业在分布式、发电端耦合等应用场景实现规模化发展；氢能产业具备从生产、储运到终端应用的完整产业链，培育若干具有国际竞争力的产业链一体化龙头企业；培育 CCUS 与工业、化石能源产业协同的规模化应用试点，走通产业化应用的技术和市场路径；装备回收利用产业制度框架和市场机制形成，装备回收处置再利用体系初步形成；综合能源管理与节能服务产业实现工业、商业、园区等多应用场景下加速规模化发展。

现代化能源运行管理的体制机制突破发展。政产学研一体化创新平台建立完善；形成统一开放、竞争有序的能源市场体系，全国统一的电力、天然气、排放权、可再生能源配额及油气管输能力交易市场建立完善；绿色金融产品和模式多元化发展；对外能源投资体系化推进。

11.2.2　第二阶段（2036～2050 年）

第二阶段预计煤炭、石油一次能源占比继续快速下降（煤炭占比从 42% 降至 30%，石油占比从 16% 降至 10%），天然气保持基本稳定（占比小幅上升后下降至 12%），非化石能源占比继续从 28% 大幅提升至 48%，CCUS 消纳碳排放的规模扩大至 25 亿吨。能源系统温室气体净排放量大幅下降至 20 亿吨。

为实现这样的目标，需要推进化石能源产业链深度优化转型，可再生能源产业链全面加速发展。

传统化石能源产业链深度优化转型。煤炭产业全面推行数字化智能化勘探开采和柔性生产；高效燃煤技术全面普及，超超临界及以上机组实现全覆盖，燃煤机组灵活调峰改造全面完成。石油和煤化工"非能化、高端化"转型，提升高附加值、高品质精细化工产品供给，品质性能达到国际先进；煤制油对常规成品油具有成本竞争力，形成规模化替代；生产能耗、水耗和产品品质达到国际先进水平。天然气灵活调峰能力进一步加强。CCUS 实现产业化、规模化、普及化发展，化石能源应用项目配备 CCUS 成为"标配"，生态碳汇和 CCUS 合计消纳碳排放达到 40 亿吨水平，二氧化碳经济利用规模化发展。

可再生能源产业链全面加速发展。核心技术装备实现高端化发展，技术指标和系统应用水平达到国际领先；储能产业在各种应用场景全面推广；氢能实现规模化、产业化应用，在终端能源消费结构中占比明显提升；装备回收处置产业发展成熟，可再生能源装备实现全面回收和梯级再利用，生产成本和全产业链碳足迹大幅降低；综合能源服务产业多元化、规模化发展，与分布式能源、储能、电网等产业深度交互耦合，推动智能电网和能源互联网全面发展。

现代化能源运行管理体制机制发展成熟。能源市场高效健康运行，电力、油气、可再生能源及管输定价机制优化发展，推动资源优化配置和灵活调整，培育综合能源服务等多元化、市场化产业；绿色金融产品、模式和标准体系形成国际影响力；可再生能源全球产业链整合能力持续提升，达到国际领先水平，推动对外能源投资规模快速增长。

11.2.3　第三阶段（2051～2060 年）

第三阶段预计传统化石能源占比全面明显下降（煤炭占比从 30%降至 22%，石油占比从 10%降至 6%，天然气占比从 12%降至 9%），非化石能源占比持续提升（从 48%提升至 63%）。CCUS 消纳碳排放的规模扩大至 30 亿～35 亿吨，推动低碳转型和绿色发展。

在这一阶段，能源强国目标基本达成，能源产业链在充分满足国内能源需求、推动绿色低碳转型的基础上，进一步提升国际竞争力，引领全球能源发展和低碳转型。

传统化石能源基本完成非能化转型，产品在国际市场竞争力领先。保留基本保障性装机及调峰装机；煤炭和石油回归原料属性，煤化工及石油化工高端产品占据国际市场领先地位；CCUS 产业进一步规模化、高端化发展，业务范围拓展至能源与工业领域全覆盖。

可再生能源实现全链条高端化发展。推动核心技术和装备高端化，具备国际市场领先的竞争力；储能产业实现市场化、多元化发展，培育创新业务体系；氢能产业进一步扩大规模化应用范围，在交通、工业领域成为主要终端能源之一；综合能源服务高端化发展，工业、建筑等多场景能源管理和电网交互软件系统技术水平全球领先。

能源运行管理体制机制持续高效发挥作用，引领全球能源转型和产业链协同发展。能源科技创新体系高效运行，创新能力和技术储备达到国际领先水平，支撑能源自主；政策与市场高效协同，国内能源市场价格对国际市场形成积极引领；可再生能源对外投资与国际合作全面升级，推动全球产业链协同发展，引领全球能源转型。

能源产业链对经济发展的支撑作用

对比先进国家经验，能源产业在代表性经济体 GDP 中的占比随着能源强度的下降而下行（图 11-1）。但近年来随着新能源产业的快速发展，以及相关投资的迅速增长，能源产业在国民经济中的地位也随之提升。

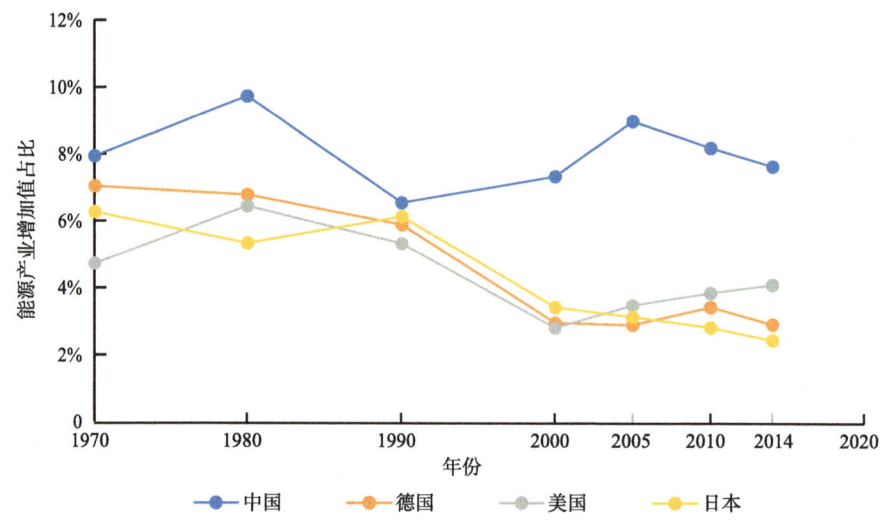

图 11-1　代表性经济体能源产业增加值占比
资料来源：基于 WIOD 数据库推算

高盛公司利用自上而下和自下而上的综合评估模型，预估了中国能源投资。结果显示，为推动绿色低碳发展目标，我国能源投资需在 2040 年前持续快速增长，从 2022 年的 1650 亿美元提升至 6600 亿美元。之后逐步下降，到 2050 年、2060 年分别为 4650 亿美元和 1750 亿美元。投资规模峰值预计占 GDP 的近 2%，显著拉动 GDP 增长。

根据化石能源消费规模变化趋势，以及可再生能源消费规模和计划投资规模，推算能源产业总规模①。结果显示，在可再生能源产业快速发展的支撑下，我国能源产业增加值占 GDP 比重将从 2020 年的 6.6%逐步提升至 2035 年的 7.1%，并长期保持在 7%左右，到 2050 年和 2060 年逐步回落至 6.4%和 4.8%。能源产业总规模从 2020 年的 1 万亿美元持续增长，到 2050 年超过 3 万亿美元（图 11-2）。

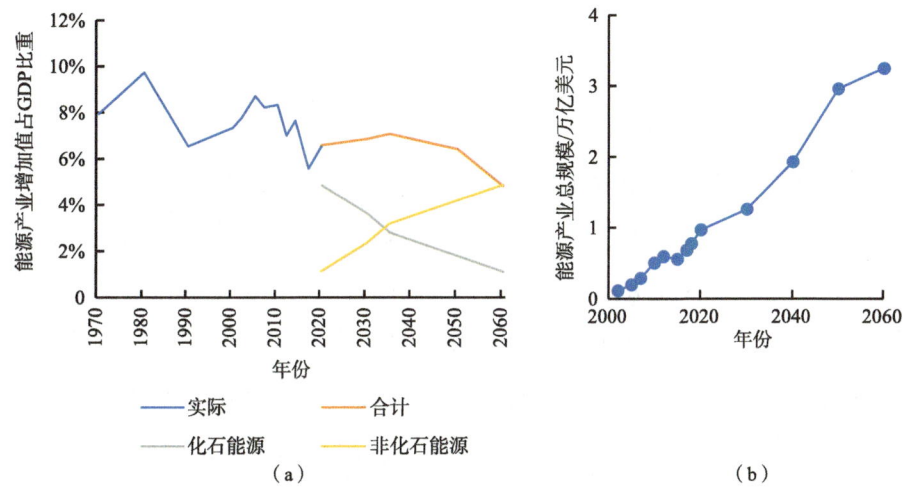

图 11-2　能源产业增加值占 GDP 比重与总规模估计

---

① 根据能源消费总量和化石、非化石能源占比推算产业增加值。化石能源和非化石能源各自的增加值按照能源消费量加上投资修正系数计算。化石能源投资修正系数参考了历史数据的趋势估算；非化石能源的投资修正系数参考高盛公司 2021 年《碳经济学 中国走向净零碳排放之路：清洁能源技术革新》报告中图 39 的数据进行推算。

第 12 章　提升我国能源产业链现代化水平的任务举措和体制机制保障

　　产业链的现代化是指应用先进科学技术、组织模式和经营理念于产品生产和服务全过程，提升产业链各环节技术水平，推动产业链形态变革，使整体运行效率达到世界先进水平①。新技术带来生产方式的变革，改变了投入产出结构，进而带动产业链上下游环节和配套体系相应变革。科学高效的产业链不仅需要在物理形态上适应关键技术的发展趋势，加快技术转化应用；在价值形态上也需理顺机制，使创新投入与创新收益相匹配，提升创新动力。

　　化石能源绿色高效开发利用、非化石能源多能互补规模化发展、多种能源协同耦合高端化发展，以及构建数字化智能化大型综合能源系统，是新时期我国能源技术发展的主要方向，多能融合是其中共同的主线。但长期以来我国煤、油、气、电等各个能源系统独立优化运行的产业链结构，无法适应多能融合的发展趋势，阻碍了关键技术的转化应用，削弱了创新动能。多能融合存在产品替代（如煤制油）、工艺耦合（如绿氢与煤化工耦合）、多能互补（如化石能源与可再生能源发电互补），以及基于数字化智能化技术构建大型综合能源系统（如智能电网整合可再生能源、储能、氢能、电动车等）等多种模式，不同的模式对产业链的重构提出了不同的要求。以技术融合带动产业链融合，通过工艺流程再造、配套体系优化、市场渠道整合、空间布局调整，以及管理运行体制机制改革，促进能源产运储销各环节之间、

---

　　① 黄汉权. 聚焦四大发力点 打好产业链现代化攻坚战. 经济日报，**2020-02-13**（11）. 黄汉权为国家发展和改革委员会宏观经济研究院院长。

多种能源品种之间、多种资源利用方式之间，以及能源产业与其他产业之间的耦合互补，实现协同优化。

提升我国能源产业链现代化水平，需要从关键技术的发展要求出发，对照能源强国建设目标，准确识别问题与短板，针对性地进行优化，推动变革和转型。

12.1　提升我国能源产业链现代化水平的任务举措

12.1.1　化石能源高效协同开发利用

化石能源仍将长期作为主要能源，承担着能源基础保障的作用。保障供应稳定、提升全产业链开发利用效率，是化石能源产业链现代化发展的核心要求。在我国"富煤、贫油、少气"的资源禀赋特点下，提升资源开采效率、开发非常规资源，以及实现煤炭转化替代，是保障能源安全、实现绿色高效利用的主要技术手段。

鼓励煤炭和油气上游勘探开采产业与信息技术产业的深度耦合，加快推广煤炭和石油天然气数字化智能化勘探开采技术。研发数字化智能化勘探开采技术，完善管理运营系统并加快推广，提升资源开采效率达到国际先进水平。

加快煤炭全产业链信息化转型，构建柔性韧性产运储销体系。建立完善生产、销售、运输和消费信息平台，实现煤炭开发、运输、销售全产业链信息联动。建立煤炭产能弹性管理机制，满足煤炭订单式的生产需求；推动智慧物流，充分挖掘现有铁路通道煤运能力，按照抓长协、优结构、增比重、散改集的整体思路加强煤炭运输组织，同时优化港口布局，提升港口转运衔接能力；利用基础较好的大型现代化矿井、大型露天煤矿、消费集中地、运输枢纽等地进行试点，打造政府可调度、运营市场化的煤炭多元储备体系；强化数据监测、分析和预警，建立煤炭应急保障机制。

优化市场机制，加快天然气储运调峰基础设施建设和完善。随着可再生能源并网比例不断提升，对天然气调峰压力迅速增长，进而带动对天然气储备的需求。在市场机制上，加快完善调峰电价和调峰气价；在建设模式上构建以地下储气库和 LNG 接收站为主，LNG 调峰站及管网互联互通为辅的多层次储备体系；在区域布局上增加东南用电负荷中心的管网和储备设施；在运营激励上试点推广天然气管道掺氢输送等，有助于提升管网和储备体系建设经济性，加快建设进程。

完善天然气管输体系市场化运行和共建共享机制，降低非常规油气外输成本。推动煤炭与天然气企业共建共用天然气管输设施，细化自建管网与现有管网对接制度，加快完善天然气管输市场机制和价格体系，推广大用户直购和异地置换输气等灵活市场机制。加快发展煤气共采、富油煤开采、煤炭原位气化及页岩气等非常规油气开采技术，优化煤制油、气技术，降低成本，持续完善外输渠道基础设施和运行机制。

发展新型煤化工，实现与石油化工耦合互补，清洁高效利用。新型煤化工可实现煤基油气和化工原料对石油产品的替代，但面临产品经济性及绿色性两方面的挑战。针对经济性问题，一方面引导企业积极发展煤基特种燃料、煤基生物可降解材料等精加工产品，增加高值化学品生产比例，增强对价格冲击的抵抗力；另一方面要推动油气储运和销售渠道共建共享，降低市场壁垒，优化天然气管输能力市场化改革，降低煤制油、气外送成本。针对绿色性问题，要引导煤化工企业流程再造，通过可再生能源、石油化工企业深度合作，以合作共建、交互参股、区域集聚等方式，推动煤化工与可再生能源制氢、供能以及生产工艺的耦合内嵌。

上下游协同，加快培育 CCUS 产业化发展。在碳中和目标下，我国能源系统不仅要实现大幅度的减排，还需要通过 CCUS 消纳二氧化碳排放量。目前 CCUS 技术成本较高，主要原因在于现有化石燃料燃烧和工业过程增加碳捕集会对能效造成明显影响，且增加碳捕集设施改造成本较高。此外，低成本封存技术和封存空间尚不完善，二氧化碳经济化利用路径较少，目前主要为石油开采环节驱油，以及生物质燃料生产等。需从源头入手，加快研发推广超临界水蒸煤技术、煤化工耦合绿氢等兼容 CCUS 的新型清洁利用技术，实现二氧化碳资源化利用；同时，加快捕集技术和装备的研发推广，依托新增化石能源建设项目开展碳捕集耦合技术试点。推广煤炭开采新工艺工法，增加地下碳储存空间，规划布局储、运、封存基础设施。完善 CCUS 建设政策支持与标准规范体系，研究 CCUS 纳入全国碳市场的可行性，提供经济激励引导产业链上下游协同推进。

12.1.2　非化石能源多能互补规模发展

在双碳目标下，非化石能源需要在我国长期能源结构转型中占据核心地位，其中，光伏、风电等新型可再生能源将贡献主要增量。但可再生能源具有波动性、随机性、间歇性等特征，需要通过多层次的多能互补技术，保障能源系统整体的平稳和安全。关键技术包括多种可再生能源的互补，可再生能源与化石能源的协同，可再生能源与氢能、储能等辅助支撑技术的耦合等。

构建多层次可再生能源多能互补体系，优化可再生能源发展模式。坚持集中式与分布式并举、陆上与海上并举、就地消纳与外送消纳并举、单品种开发与多品种互补并举、单一场景与综合场景并举、发电利用与非电利用并举。重点推广可再生能源并网前端的多能协同技术。鼓励研发可再生能源多场景互补下的智能化控制系统平台，优化协同效率。

多产业协同，推动氢能产业加快发展。我国氢能产业链下游发展滞后，储运技术和设施体系不健全，以及氢能与其他能源多能耦合互补的技术发展相对滞后。氢能产业上中下游涉及多个能源行业，如上游制备技术以煤化工制氢为主，下游应用涉及电力、燃气及交通部门，中游储运体系建设则投入需求巨大，需要构建跨产业协同推进的机制。鼓励以煤化工、可再生能源、核电企业为主导，合作开展绿氢制备，建设储运体系。推动天然气管输和储备设施掺氢的技术应用与推广，鼓励利用现有加油站增设加氢设施，实现储运体系优化协同。在公共交通、特种交通工具、公共服务用车等交通场景推广氢能；加快试点建设分布式可再生能源–氢能的综合能源系统。

优化价格机制，拓展多元场景，加快发展大容量新型储能产业。随着可再生能源接入比例提高，电网对短时、中长时储能的需求不断增加。2020年，我国储能电池出货量为 380 万千瓦时，而国内消费仅占 18%。内需不足主要来自大容量技术发展不成熟、储能成本较高的限制。通过财税和产业政策引导电力、新能源车等拥有技术条件的龙头企业"跨界"大容量储能产业；加快电价机制改革，拉大峰谷电价差，完善储能容量电价等机制。推广分布式储能与分布式电源耦合，发展区块链共享储能技术，协同提高电网对分布式可再生能源的接纳，提升储能利用效率，降低成本。

12.1.3　构建数字化智能化大型综合能源系统

电力系统是未来能源系统的中枢，是统筹源网荷储、集成多能融合、实现供需交互的平台。强化调峰能力、优化多能互补、完善智能调度，是提升可再生能源消纳能力、保障电力系统稳健高效的关键技术路径。

优化电价机制，加快发电调峰能力建设。深化电价体制机制改革，根据不同调峰特性拉大调峰电价梯度，提升调峰能力建设的激励强度。因地制宜优化推进煤电灵活调峰改造，结合机组经济和技术条件，因地制宜优化转型路径。山东、内蒙古、山西等地服役时间长、效率低、盈利差的煤电机组优先退役；东部沿海大规模、运行年限短的机组，积极推动煤电灵活性改造。优化规划布局，合理适度增加天然气调峰机组建设，加快完善天然气储运基础设施体系。

深度统筹能流和信息流，以智能电网为中枢构建大型综合能源集成系统，培育综合能源管理和节能服务产业。优化供给端精确预测，发展智能化调度高效优化算法，提升调度软件和系统水平，实现高比例可再生能源并网条件下的主动支撑和智能优化，提升电网调度自动化、智能化水平，保障电力安全性和经济性。以智能电网为中枢平台，统筹推进源网荷储协调发展，协调电、储、氢等复合能流优化运行及智慧运维，优化新型储能、电动车灵活充放电（车网互联）系统，培育综合能源管理等多元化服务产业。

目前，我国电力供需预测技术、电网调度底层算法和软件系统水平与先进国家相比均存在较大的差距，新型储能、V2G 等与电网统筹程度较低，综合能源管理等产业培育滞后。电力体系开放度及信息透明度较低，抑制了跨行业的合作与市场化业务的发展。亟待推动电力系统扩大信息披露程度，在保障电力安全的基础上，提升市场透明度，吸引相关人工智能和大数据企业跨界参与电力系统优化的基础算法和软件的开发领域，引导电网企业与互联网信息科技企业开展合作，推动相关配套技术和软件系统的现代化水平提升；加快电力市场改革，在配电端引入市场竞争，明确技术规范和标准体系。优化储能、分布式能源系统与电网交互统筹，培育市场化能源综合服务。

12.2 提升我国能源产业链现代化水平的体制机制保障

12.2.1 强化能源科技创新的战略科技力量

1. 创新产业链组织模式，强化企业创新主体作用

能源技术创新投入大、不确定性强，创新收益很大程度上依赖于产业上下游的协同。创新产业链组织模式，通过建立虚拟企业、企业联盟，以及产业链主导企业和平台企业担任"链长"，主导重大创新，协同研发、设计、装备制造和应用推广，缩短创新周期，降低市场风险，强化企业创新动力。引导企业依托现有成熟技术，通过合作研发、扩大对外投资、深化国际合作等方式，加快技术引进和突破，保障关键技术装备自主可控。

2. 加大力度布局颠覆性能源技术研发平台和大型基础设施，依托试点与重大工程提升关键技术装备水平

我国国产化技术和产品在加快研究开发的同时，需求端却存在不愿用、不敢用的难题，亟待构建产业链上下游一体化设计、开发、制造、示范应

用、产业推广全链条协同联动机制。对于重大技术装备,构建国产首台(套)、首批次产品大规模市场应用的生态系统,依托试点示范和重大工程,提升技术装备水平。结合大型工程、示范工程开展装备研发,有利于在短时间内集中各技术环节人才和技术基础,加强资金和技术支持可持续性,有效提高新技术研发的成功率。

3. 强化能源科技攻关的长期稳定支持机制

新能源和低碳技术在短期内回报率低,攻关难度高。通过税收减免和补贴,可以缓解新生行业的融资难问题,快速促进新能源产业形成。重点需要为那些处于关键技术环节的核心技术和"卡脖子"装备提供更加直接的激励。结合国家级重大工程,集中各方面力量攻关重大技术专项,是解决能源装备领域技术难题的可行路径。我国的产业激励政策立足技术瓶颈期、行业初创型发展特点,为产业发展提供了切实有效的政策支持。而激励幅度的灵活调整也为培育行业竞争力、优化行业内部资源配置提供了政策工具。

4. 构建政产学研协同一体的公共研发平台

深化能源科技体制改革,探索形成政府引导、市场主导、以企业为主体、社会参与、多方协同的能源技术创新平台体系。推动关键性、基础性设备共用共享;构建能源产业链大数据平台,优化信息披露制度,构建更加开放共享的基础创新体系。构建政产学研一体化的研究创新平台,有助于大幅降低企业研发成本,促进高校和研究机构提升对应用技术的重视程度。通过平台,政府除了为企业、高校提供直接研发支持外,还可依托国家级或省部级大型项目和大型工程,集聚高校、企业两方面优势人才和优势资源,攻关一批直接服务国家能源创新急需领域的研究课题,有利于利用社会资本激励高校应用性研究,为企业利用新技术提供契机,整体性提高科研成果转化能力。

12.2.2　深化能源体制机制改革

1. 加快建设电力、天然气、碳排放权、可再生能源配额交易市场

建设以全国电力市场和全国碳市场为代表的全国性交易平台。设计体现安全稳定价值、容量价值、环境价值等不同属性的交易品种，通过辅助服务市场、容量成本回收机制等补偿灵活调节资源收入，激发市场主体活力。设计并优化容量电价、调峰电价、储能容量电价以及绿电价格机制，推动电网和电源优化建设。优化完善天然气市场定价机制，反映天然气调峰价值，优化价格阶梯。全面推动全国碳排放权、可再生能源配额交易，优化配额分配和交易管理机制。

2. 创新转型绿色金融与能源金融产品，满足不同转型路径的融资需求

结合能源绿色转型背后的产业链发展要求，创新发展绿色金融政策及工具；鼓励以净减排量评估支持项目，避免按照能源技术分类对项目进行"一刀切"；参照供应链金融，构建绿色产业链金融，产业链核心企业提供"绿色担保"，为上下游企业提供申请绿色金融的支持等。拓展金融科技在绿色金融业务、监管和交易等场景的应用。

12.2.3　开拓能源合作新模式，提升能源产业链全球竞争力

1. 进一步引导企业参与能源装备国际贸易，鼓励海外能源项目投资，加强全球资源整合能力

我国对外能源投资迅速增长，2020 年在其他门类对外投资普遍下跌的背景下，我国电力、热力、燃气及水生产和供应业对外非金融类直接投资额为27.8 亿美元，同比增加 10.3%。作为全球最大的可再生能源技术研发国之一，我国近年来持续深化可再生能源领域国际合作，水电业务遍及全球多个国家和地区，光伏产业为全球市场供应了超过 70%的组件，"一带一路"共建国家需求增长尤其可观。可进一步鼓励多元企业参与国际能源投资，优化全球能源合作。

2. 发挥中国能源、贸易与航运的规模集聚优势，打造隐含能源贸易新中枢

在全球化程度加深的背景下，部分能源隐含于全球生产网络和贸易网络中进行二次分配，即能源通过各类跨国贸易活动发生转移，用来满足其他国家的最终需求，为全球提供高能耗的商品服务。我国隐含能源贸易主要表现为隐含能源净出口，随着能源结构的清洁化，油气资源将更多地脱离动力系统，而以原材料的形式投入工业生产。作为全球隐含能源贸易网络中关键的节点国家，中国隐含能源的全球贸易关系将在低碳经济时代持续强化。中国可依托传统贸易及航运优势，扩大与全球能源互动范围，深化能源高质量互联互通，从传统能源贸易到隐含能源贸易，充分发挥集聚优势，打造全球"能源中枢"，逐步重塑多元化的全球能源格局。